Ingrid Ramm-Bonwitt

Tantrische Meditationen

Ingrid Ramm-Bonwitt

Tantrische Meditationen

im Verlag Hermann Bauer
Freiburg im Breisgau

CIP-Titelaufnahme der Deutschen Bibliothek

Ramm-Bonwitt, Ingrid:
Tantrische Meditationen / Ingrid Ramm-Bonwitt. –
Freiburg im Breisgau : Bauer, 1988
(Bauer-Ton-Bücherei)
ISBN 3-7626-5606-1

Mit 10 Abbildungen und 15 Zeichnungen.

1988
ISBN 3-7626-5606-1
© by Verlag Hermann Bauer KG, Freiburg im Breisgau.
Alle Rechte vorbehalten.
Umschlaggestaltung: Atelier Tiefenthaler, Wien.
Satz: G. Scheydecker, Freiburg im Breisgau.
Druck: Poppen & Ortmann, Freiburg im Breisgau.
Bindung: Walter Verlag, Buchbinderei, Heitersheim.
Printed in Germany

Inhalt

Einführung

Der Tantrismus, der sich aus der altindischen Geistestradition von Hinduismus und Buddhismus ableiten läßt, ist eine Philosophie, die ihr Hauptziel im Erkennen und besten Nutzen der physischen und psychischen Möglichkeiten sieht. Die tantrische Philosophie steht in einem direkten Zusammenhang mit dem Yoga, dessen höchste Stufe *Samadhi*, das Verweilen in einem Zustand »der Zweiheitlosigkeit«, der »großen Glückseligkeit« ist. Ziel des Yoga ist es, den Zustand innerer Einheit zu erreichen, die ihn zu einer Freiheit von und gegenüber der Welt führt. Als technisches Mittel verwendet der Yoga physische und psychische Übungen, die durch den Tantrismus noch weiter entwickelt und zu einer alles umfassenden Lehre ausgebaut wurden.

Anders als andere Yogaformen fordert der Tantrismus keine radikale Weltabkehr, sondern bejaht eine spirituelle Bewußtseinserweiterung innerhalb der alltäglichen materiellen Existenz. Es kommt darauf an, in dieser Welt und mit dieser Welt zu leben und doch innerlich von ihr frei zu sein.

Höchstes Ziel des Tantrismus ist das Einssein mit dem Absoluten, die Einheit von Männlichem und Weiblichem, von Bewußtem und Unbewußtem, von Intellekt und Gefühl, Sein und Wollen, Geist und Körper, Ja und Nein, von Geburt und Tod. Alles ist für den Tantriker ganzheitliches Sein, in dem es keine Unterschiede und Gegensätze gibt, weil im Grunde alles die eine Kraft, das Absolute, ist.

Nach Ansicht des Tantrismus ist es die Aufgabe jedes einzelnen, die Gegensätze in sich zur Ruhe zu bringen und eine Synthese zu finden. So können selbst negative Lebenskräfte und Triebe in positive umgewandelt werden. Durch das Verschmelzen der gegensätzlichen Kräfte ist man in der Lage, einen höhe-

7

ren Bewußtseinszustand zu erreichen, Spannungen zu lösen und Leidenschaften und Wünsche in die richtige Bahn zu lenken. Die Harmonisierung der Gegensätze bewirkt, daß ein Prozeß sich ständig erneuernder Bewußtwerdung und Bewußtseinserweiterung in Gang gesetzt wird, der zur Wandlung des ganzen Menschen führen soll.

Dieser Weg zur psychischen Wandlung und Vollendung, der im Tantra zu einer höheren Identität führen soll, beginnt bei den archetypischen Funktionen am Grunde des Unbewußten. Der tantrische Symbolismus offenbart eine ganze Reihe solcher Urbilder (Archetypen), die auch in vielen anderen Kulturen zu finden sind (Schlange, Weltenberg, Sonne, Mond und so weiter). Der Übende steigt in das kollektive Unbewußte hinab, um mit den archetypischen Bildern Kontakt aufzunehmen und kehrt mit neuen für das Alltagsleben hilfreichen Einsichten zurück. Die tantrische Meditationstechnik bemüht sich um eine schöpferische Betrachtung der Urbilder, die zur Klärung des Bewußtseins und zur Dynamisierung der psychischen Energien dienen kann. Dazu verwendet der Tantriker die Übungen der Visualisation, der aktiven Imagination (*Bhavana* und *Dharana*) und der vollkommenen Selbstidentifikation (*Ahamkara*).

Die bildhaften und farbenprächtigen Symbole stellen ein Gegengewicht zum rationalen Denken dar. Beim Erwecken der Einbildungskräfte soll der Kreis des rationalen Denkens durchbrochen, die gegenständlichen Vorstellungen sollen aufgehoben und die intuitiven Kräfte angesprochen werden.

Die verschiedenen tantrischen Meditationstechniken geben dem Meditierenden die Möglichkeit, sich in seinen Sinneswahrnehmungen angesprochen zu fühlen, seine psychische Zentrierung zu erlangen und die Zusammengehörigkeit und Einheit allen Lebens in sich zu erfahren. Die tantrische Meditation bewirkt, daß der Gefühlsbereich des Meditierenden reifer wird, daß sich seine Erlebnismöglichkeit intensiviert und seine Fähigkeit, das Leben bewußt zu erfahren, wächst. Zugleich ist die tantrische Meditation eine wesentliche Hilfe bei der Bewältigung des Alltags. Durch die Meditation gewinnt der Praktizierende Durchhaltefähigkeit in Streßsituationen und entdeckt Kraftreserven in sich, von denen er bisher nichts wußte.

Die tantrische Meditation führt von der Selbstentfremdung zur Selbsterfahrung und zu einer inneren Geborgenheit, die sich in einer zuversichtlichen und gelassenen Lebenseinstellung äußert. Der Meditierende entwickelt eine große Sicherheit, die auf Vertrauen in die eigene Kraft gründet und die Grundlage für ein Leben ohne Angst bildet. Es ist dies die Zuversicht, daß einen letztlich nichts umwerfen kann und das Gefühl, allem gewachsen zu sein, was an Gefahr drohen kann.

I Tantrische Meditationen

Die zwei Säulen des Tantrismus

Obwohl der Tantrismus als Lebensphilosophie nicht an eine bestimmte Religionsform gebunden ist, fand er doch seinen klarsten Ausdruck unter der Einwirkung von Hinduismus und Buddhismus, deren philosophische Terminologie von dem Streben nach Vollendung durch die kosmische und psychische Einheit des Menschen bestimmt ist.

Es ist bis heute nicht geklärt, welche der beiden tantrischen Traditionen die ältere ist, die des Hinduismus oder die des Buddhismus. Es ist wahrscheinlich, daß die Methodik und Idee des Tantrismus auf eine viel ältere gemeinsame Wurzel zurückgehen, die nicht direkt an diese beiden Hochreligionen gebunden war. Bereits im Yoga und in der vedischen Philosophie sind die Grundideen des Tantrismus zu finden. So ist der Tantrismus nichts völlig Neues, sondern zum Teil das Endprodukt einer langen Entwicklung. Das historisch Bedeutsame am Tantrismus besteht darin, daß Kulte, die bisher nur bei den nicht-arischen Völkern und in den untersten Schichten ihre Anhänger hatten, allmählich auch Eingang in die sogenannten »höheren Religionen« fanden, die ihnen eine tiefsinnige philosophische Grundlage gaben.

Die ersten literarischen Fundamente des hinduistischen Tantrismus finden sich in den Shiva-Tantras des Pashupata-Shivaismus, der von der philosophischen Lehre der Samkhya-Philosophie geprägt wurden. In diesen ersten Tantras, die im 7. bis 9. Jahrhundert erschienen sind, finden sich philosophische Erörterungen zu den verschiedensten Dingen, wie zur Übertragung der heiligen Texte, der geheimen Mantras, Riten zur Verehrung von Shiva und Yogatechniken zur Erlangung von Freiheit. In erster Linie jedoch sind die Tantras praktische Handbücher für das Ritual, das die drei Seiten unseres Daseins einschließt: Körper, Sprache und Geist.

Zur gleichen Zeit, in der der Hinduismus eine große tantrische Tradition erlebte, machten sich auch ähnliche Tendenzen im Buddhismus bemerkbar. Der buddhistische Tantrismus, der auch als Vajrayana (Diamantfahrzeug) bezeichnet wird, kam besonders in Tibet zur spirituellen Blüte. Für die Tibeter begann die Geschichte des Vajrayana mit der Ankunft Padmasambhavas (8. Jh. n. Chr.), der als mächtiger Zauberer und Dämonenbekehrer galt. (Padmasambhava, der »Lotosgeborene«, gilt als der Vater des buddhistischen Tantra. Er war es, der die Lehre des Buddha in eine Form brachte, die die Menschen ohne weiteres verstehen und im täglichen Leben anwenden konnten.)

Die praktischen Grundlagen für die Anwendung der Tantras sind im buddhistischen Tantrismus ähnlich wie im Hinduismus. Wie im hinduistischen Tantrismus verbindet sich eine sublime pantheistische Philosophie mit volkstümlichen Kulten, in denen das erotische Element stark hervortritt. Das Vajrayana, das tantrische Praktiken, wie Mantra-Rezitationen, Körperübungen, Meditation, Visualisation und Rituale in den Rahmen der buddhistischen Philosophie stellt, wird als der »direkte Weg zur Erleuchtung« betrachtet. Dies ist jedoch kein leichter Weg, da die tantrischen Übungen, zu denen lange Stunden meditativer Sammlung und erschreckende Reisen in die Tiefen des Unbewußten gehören, sehr anstrengend, ja sogar gefährlich sein können. Der buddhistische Tantrismus kann wahrscheinlich noch mehr systematisierte psychologische Techniken, die ihm aus den großen Schulen des Hinayana (Kleines Fahrzeug) und Mahayana (Großes Fahrzeug) zur Verfügung stehen, aufweisen als der hinduistische.

Zwischen den beiden Hauptströmungen des Tantrismus gibt es viele Analogien, Verwandtschaften und Querverbindungen, die sich aus der historischen Gleichzeitigkeit ihres Auftretens auf gemeinsamem Boden ergeben haben.

Die Verschmelzung der Gegensätze

Höchstes Ziel des Tantrismus ist das Einssein mit dem Absoluten, die harmonische Einheit der gegensätzlichen Kräfte, die sowohl im Menschen als auch im Universum vorhanden sind. Das Erlebnis der Einheit wird als der permanente *Sahaja*-Zustand (Zustand der Spontaneität) bezeichnet oder als Verweilen in der »großen Glückseligkeit«, die jenseits der Dualität liegt.

Aufgabe des einzelnen ist es, die Gegensätze von Gut und Böse, Kopf und Herz, Sein und Wollen, Geist und Körper, Intelligenz und Intuition, Ja und Nein in sich zur Ruhe zu bringen und zu erkennen, daß die Gegensätzlichkeit nur eine scheinbare ist, das Eigentliche ist ihre harmonische Einheit. Alle Gegensätze haben ihren Ursprung ineinander und existieren wechselseitig aus dem anderen. Für den erleuchteten Menschen gibt es weder Unterschied noch Polarität. In ihm sind alle Gegensätze aufgehoben, und er ist in der Lage, den Gedanken der Einheit zu denken und zu fühlen.

Um die Aufhebung der Gegenpole am sinnfälligsten darzustellen, bedient sich der Tantrismus häufig sexueller Symbolik; denn nichts kann die Verschmelzung der Gegensätze und die Stillung aller Spannungen so bildhaft zum Ausdruck bringen wie ein Paar in sexueller Vereinigung. Überall in der hinduistischen und buddhistischen Kunst findet man das zur mystischen Einheit verbundene göttliche Paar. Diese erotischen Darstellungen sind auch ein Symbol dafür, daß der erleuchtete Mensch zugleich männlich und weiblich ist.

Sowohl im Hinduismus als auch im Buddhismus unterscheidet man zwischen einem »linkshändigen« und einem »rechtshändigen« Tantra. Das »linkshändige« Tantra kennt die durch Rituale geweihte Zusammenführung von zwei Partnern. Die sexuelle Vereinigung *(Maithuna)* ist nach der tantrischen Lehre jedoch kein primär sexueller Akt, sondern ein kosmischer Kult, der nichts mit dem Versuch zu tun hat, die Mysterien der sexuellen Liebe zu mechanisieren. Durch die sexuelle Vereinigung verlieren die Partner ihr Ich-Gefühl und transzendieren die Grenzen ihrer Persönlichkeit. In dieser tantrischen Vereinigung soll die körperliche Untrennbarkeit des Paares von der gewöhnlichen körperlichen Gefühlsebene in den Zustand der »großen Glückseligkeit« erhoben werden. Der Tantrismus betrachtet den Geschlechtsakt als eine Erfahrung, die das Bewußtsein für die Wunder und ehrfurchtgebietende Größe des Universums öffnet. Die Sexualität wird als eine Kraft betrachtet, die die schöpferischen Fähigkeiten erweckt und den Menschen über den Horizont seines begrenzten Welt-Ichs in eine kosmische Weite hinaushebt. In jedem Geschlechtsakt »geht die gewöhnliche Bewußtheit des Menschen, wenn auch nur für Sekunden, unter in einem kosmischen Überschwang. Es hängt aber von der Grundeinstellung des Erlebenden ab, in welcher Tiefe dieses erlebt und erfahren wird, ja mehr noch, in welchem Maße die numinose Qualität, die den Menschen mit dem Göttlichen verbindet, zur eigentlichen Legitimation des sexuellen Lebens wird, das über seinen biologischen Sinn, wie auch über die grobe Sinnlichkeit des Primitiven hinausreicht. Der personale Sinn der Sexualität und der Erotik ist weder der biologische, der sich im Erzeugen eines Kindes erfüllt, noch die ungezügelte Lust. Es ist vielmehr die Erfahrung einer kosmischen Fülle und mehr noch die Erfahrung des göttlichen Einen im personalen Einswerden mit einem Du. So nur werden auch Sexualität und Erotik zu einem Tor in die andere Dimension und erfüllen einen initiatischen Sinn.«[1]*

Im »rechtshändigen« Tantrismus wird die Vereinigung durch Sublimierung auf der rein geistigen Ebene mit Hilfe von Symbolen vollzogen. Visualisiert ein »rechtshändiger« Tantriker sich beispielsweise als Schutzgottheit in geschlechtlicher Vereinigung mit seiner Partnerin, so kann er durch die Kraft seiner Imagination die männlichen und weiblichen Seiten seines Seins vereinigen und so ihre grundlegende Einheit erfahren.

---

* Die hochstehenden Ziffern beziehen sich auf die Anmerkungen ab Seite 155.

In den hinduistischen Texten wird die mystische Vereinigung meist von Shiva und Shakti symbolisch zum Ausdruck gebracht. Der Gott Shiva symbolisiert *Purusha,* das geistige passive Prinzip, und die Göttin Shakti, *Prakriti,* die aktive Urnatur. Die mystische Vorstellung von der weiblich-schöpferischen und der männlich-befruchtenden Energie, die sich im späteren Hinduismus unter vielen Namen findet, entspricht dem Gedanken der polaren Prinzipien der unaktiven Seele *(Purusha)* und der aktiven Urnatur *(Prakriti)* in der *Samkhya*-Philosophie. Das Samkhya-System, als dessen Begründer Kapila (800 v. Chr.) gilt, gehört zu einer der ältesten metaphysischen Schulen Indiens. Samkhya ist eine rein dualistische Philosophie, die behauptet, daß das Universum aus zwei Prinzipien besteht. Was immer im Universum geschieht, geschieht durch die Urnatur *(Prakriti)*; das reine, bewußte Prinzip *(Purusha)* handelt nicht, es ist rein Zeuge. Das passive männliche Prinzip *(Purusha)* kann erst durch das dynamische weibliche *(Prakriti)* wirksam werden. Umgekehrt könnte die Urnatur nicht handeln, wenn es kein geistiges Prinzip gäbe. Im Zusammenspiel des Männlichen und des Weiblichen allein kann sich die Natur entfalten.

Im tantrischen Buddhismus wird die dynamische Funktion dem männlichen Prinzip und die statische dem weiblichen zugeordnet. Das weibliche Prinzip wird als *Prajna* (höchste Weisheit), als *Yum* (Mutter) oder *Shunyata* (Leere) bezeichnet, das männliche als *Upaya* (Methode, Mittel die Weisheit zu erlangen), *Yab* (Vater) oder *Karuna* (Mitgefühl).

Während der hinduistische Tantriker sich mit den dynamischen Kräften der Natur zu vereinen sucht, um die Dualität zu überwinden, sehnt sich der buddhistische Tantriker nach der Rückkehr in das Ungeformte, nach der Leere *(Shunyata)*. *Shunyata* ist eine der am schwersten zu verstehenden Vorstellungen des Buddhismus. Übersetzer haben versucht, dieses Wort mit »Leerheit«, »Leere« oder Erfahrung des »Nichts« zu übersetzen. Diese allesdurchdringende, den vergänglichen Dingen innewohnende Leere gilt als ein Zustand der Befreiung, der ähnlich wie das Nirvana durch keine Begriffe und Attribute mehr benannt werden kann. Der buddhistische Tantriker versteht unter *Shunyata* vor allem auch die Verwirklichung der Erkenntnis, daß die empirische Welt den Charakter einer augenblicklichen, vergänglichen Erscheinung hat und irrtümlicherweise für beständig gehalten wird. Da nichts Beständiges in dieser Welt zu finden ist, muß diese Welt als leer erkannt werden. Diese Erkenntnis allein führt jedoch nicht zum Erlebnis der großen Glückseligkeit *(Mahasukha)*; das Mitgefühl *(Karuna)* muß hinzukommen, um allen Wesen den Weg zum Erkennen und Wissen zu ebnen. Hier zeigt sich der Einfluß des Mahayana (großes Fahrzeug) auf den tantrischen Buddhismus, der den mitfühlenden, alles umfassenden Bodhisattva hervorbrachte, der diese Welt aufgibt, aber nicht die Wesen, die in ihr leben. Dem Bodhisattva geht es nicht nur darum, sich selbst zu befreien, sondern auch darum, Mittel und Wege zu finden, um den verborgenen Samen der Erleuchtung in anderen zur Reife zu bringen. Die Vereinigung von *Karuna* (Mitgefühl) und *Shunyata* (Leere) führt zum Einheitserlebnis, zur »großen Glückseligkeit« *(Mahasukha)*, die in diesem Leben erfahren und verwirklicht werden soll.

Bodhisattva Avalokiteshvara
mit seiner Shakti

16

Die Entdeckung der Buddhanatur

»Die Menschen sind in ihrem tiefsten Wesen Buddha,
Wie Wasser Eis ist. Und wie es kein Eis gibt
Ohne Wasser, so gibt es ohne Buddha
Nicht einen Menschen.
Weh den Menschen, die in weiter Ferne suchen
Und, was nahe liegt, nicht wissen!
Sie gleichen denen, die mitten im Wasser stehen
Und doch nach Wasser schreien.
Als Söhne des Reichsten und Vornehmsten geboren,
Wandeln sie gleichwohl in Armut und Elend
Trostlos dahin.«

Gesang des Zen-Meisters Hakuin[2]

Nach Ansicht der buddhistischen Tantriker vermag jeder
Mensch durch die genaue Beobachtung der Abläufe im Bewußtsein in eine erleuchtete Seinsweise einzutreten. Die Tibeter
betrachten die Erleuchtung nicht als etwas Übernatürliches,
sondern als ein Entdecken beziehungsweise Wiederentdecken
der wesenhaften und natürlichen Ganzheit des Menschen. Die
buddhistisch-tantrischen Texte betonen, daß es weniger darum
geht, Buddhaschaft (Erleuchtung) zu erlangen, sondern vielmehr darum, sie einfach zu entdecken, sie zu sehen und in die
Betrachtung der Welt zu integrieren. Nach Ansicht der Tantriker steckt in jedem Menschen die Fähigkeit, erweckt und erleuchtet zu werden, doch Unwissenheit, Ängste, unser Ich und
alle Vorstellungen, die wir uns aufgrund sozialer Konditionie-
rung von unserem Wesen machen, hindern uns daran, die verborgene Buddhanatur zu erkennen.

Erleuchtung oder höchstes Glück wird nicht dadurch erreicht, daß man etwas Außergewöhnliches tut oder erlangt,
sondern indem man sich losläßt, öffnet und entdeckt, was in
einem verborgen ist.

Erleuchtung, für die die Tibeter oft auch das Wort *Tharpa,*

»Befreiung«, gebrauchen, ist ein Zustand, in dem der Mensch sich der Wirklichkeit voll bewußt ist und sich von allen einengenden begrifflichen Vorstellungen, auch von denen der Erleuchtung, befreit hat. Der Prozeß der Erleuchtung ist ein Durchbruch einer immer unverstellteren Wahrnehmung der Wirklichkeit, die nicht mehr so stark von gesellschaftlichen Wertvorstellungen und Vorurteilen überdeckt ist.

Nach Meinung des XIV. Dalai Lama geht es bei der tantrischen Meditation darum, »den konventionellen Status des Geistes aufzuräumen und in Ordnung zu bringen. Laßt den Geist zu diesem Zweck nicht an irgendwelche vergangenen Ereignisse denken, aber laßt ihn auch nicht hinter Dingen herjagen, die in der Zukunft geschehen könnten. Vielmehr laßt den Geist, so wie er an sich ist: lebendig, klar, frei von Bewußtseinskonstrukten. Wenn ihr darin verweilt, werdet ihr erstens begreifen, daß der Geist wie ein Spiegel ist: Er kann jedes Objekt, jede Vorstellung erscheinen lassen wie eine Spiegelung, wenn nur die notwendigen Voraussetzungen dafür erfüllt sind. Und ihr werdet zweitens verstehen, daß das Wesen des Geistes reines Leuchten, ursprüngliches Wissen ist – ungetrübte, unmittelbare Erfahrung. Wenn es Euch gelingt, das Wesen des Geistes als reines Leuchten und Wissen zu erkennen, dann haltet diesen über die Erfahrung gewonnenen Umstand – dieses reine Leuchten, diese Wissens-Soheit – und verweilt darin.«[3]

Die tantrischen Meditationstechniken, die zu den am höchsten entwickelten Formen der Selbsterforschung der Psyche gehören, zielen darauf ab, sich selbst und die Welt so zu sehen, wie sie ist. Die Inhalte des Unbewußten sollen wieder bewußt gemacht werden, damit der Meditierende zu seinem tiefsten inneren Wesen vorzudringen vermag. Sich des Unbewußten bewußt zu werden und damit sein Bewußtsein zu erweitern, bedeutet, mit der vollen Wirklichkeit in Berührung zu kommen.

Nach Ansicht der Tantriker besteht der größte Teil des bewußten Denkens der Menschen aus Fiktion und Illusion. Der

Grund liegt nicht so sehr in der Unfähigkeit des einzelnen, die Wirklichkeit zu erkennen, sondern in der Funktion der Gesellschaft, die uns diese unrealistischen Vorstellungen eingibt. Jede Gesellschaft bildet durch ihre Lebensweise, ihre Art des Fühlens und Wahrnehmens ein System von Kategorien, das die Formen des Bewußtseins bestimmt. Dieses System arbeitet sozusagen wie ein »sozialer Filter«, der gewisse Empfindungen durchläßt und andere daran hindert, ins Bewußtsein einzudringen. In dem Ausmaß, in dem der Mensch sich von diesem »sozialen Filter« befreit, vermag er mit den tiefsten Quellen seines Inneren, das heißt mit der ganzen Menschheit, in Berührung zu treten. Ist jede Verdrängung aufgehoben, gibt es kein Unbewußtes mehr im Gegensatz zum Bewußten, sondern nur direktes unmittelbares Erleben. Dies ist eine völlig andere Erfahrung als intellektuelle Erkenntnis oder rationale Analyse. Es handelt sich um ein unmittelbares, intuitives, schöpferisches Erfassen der Wirklichkeit, das die Bewußtseinsebene der Gedanken und Begriffe übersteigt. Selbstverwirklichung ist für den Tantriker nur durch das direkte Wissen aus der eigenen ursprünglichen Erfahrung zu erreichen. Um zu unserem wahren Selbst zu kommen, dürfen wir uns selbst nicht durch begriffliche und theoretische Filter betrachten, sondern müssen lernen, immer wieder zur erlebten Erfahrung zurückzukehren. Worte, Begriffe und Theorien können den Menschen nicht direkt erfassen, da sie eher Landkarten von der Wirklichkeit, nicht aber die Wirklichkeit selbst sind. Es geht darum, direkt zu erleben, zu fühlen und wahrzunehmen, zu entscheiden und unsere Erfahrung zur Richtschnur unseres Handelns und Denkens zu machen.

Die Entwicklung der Kreativität

Die tantrischen Visualisationsübungen regen die Phantasie an und helfen dem Menschen, seine schöpferischen Fähigkeiten zu entwickeln.

Psychologen wie Marie Dellas und Eugene Gaier von der *State University New York* haben versucht, die Beziehung zwischen Meditation und Kreativität zu bestimmen. Nach ihrer Studie besitzt ein schöpferischer Mensch ein ungewöhnlich flexibles nach innen gerichtetes Bewußtsein, das zu »primär prozeßhaftem« Denken befähigt. Als Primärvorgänge gelten jene unbewußten Prozesse, die anders als das vertraute Denken funktionieren. Es handelt sich um eine Denkweise, die symbolische, oft bildliche Ausdrucksformen benutzt, um tiefsitzende Bedürfnisse und Wünsche zu äußern. Primärprozeßhaftes Denken sowie die Fähigkeit, auf Probleme intuitiv zu reagieren, werden häufig durch die Meditation verstärkt. Ferner scheint sich im Zustand der Meditation eine »fokussierte Offenheit« zu entwickeln, wie sie für das Denken kreativer Menschen typisch ist.

»Indem die tantrischen *Sadhanas* (Übungen) einem Menschen helfen zu lernen, sich zu konzentrieren, aufmerksam zu sein, eingestimmt zu sein, trachten sie, eine dauerhafte, seelische Verwandlung einzuleiten, deren Ergebnis ein Zustand fokussierter Rezeptivität ist. Mit fokussierter Rezeptivität meine ich die Umschreibung eines besonderen psychologischen Zustands (»Bewußtseinszustandes«, wie der gängige modische Ausdruck lautet), der sich von unserem normalen, geistig aktiven und problemlösenden Denken unterscheidet, das das Erbteil unserer Entwicklung vom Säuglingsalter zum Erwachsenenalter ist. In mancher Hinsicht dem verwandt, was Keats die »negative Fähigkeit« des Künstlers genannt hat, in dem es kein »nervöses Greifen nach Tatsache und Grund« gibt, ist die Aufmerksamkeit eines Menschen im Zustande fokussierter Rezeptivität zwar konzentriert, aber nicht gerichtet. Die Art von Rezeptivität, die ich hier meine, ist auch nicht einfach gleichzusetzen mit einem passiven Zustand. Fokussierte Rezeptivität ist von einer angespannten Konzentration erfüllt, die jedoch nicht zu kategorisierendem Denken oder aktiven Erfassen von Wahrnehmungen benutzt wird, sondern zu wacher, nichtdiskursiver »Kontemplation«.[4]

Bei kreativen Menschen ist »Fluß« vorhanden, das heißt sie sind so sehr von der Intensität des Augenblicks gefesselt, daß sie gar nicht dazu kommen sich zu langweilen oder zu sorgen. Sie befinden sich in einem Zustand tiefer Versunkenheit, in der es wenig Unterschied zwischen Selbst und Umgebung, Reiz und Reaktion, zwischen Vergangenheit, Gegenwart und Zukunft gibt.

»Fluß bringt eine Art Selbstvergessenheit mit sich. Das bedeutet nicht, daß der Mensch Kontakt mit seiner eigenen physischen Wirklichkeit oder sein Existenzgefühl verliert; er kann sich ihrer schärfer bewußt sein als je zuvor. Verloren geht nur das künstliche »Selbst-Konstrukt«, das Bewußtsein von sozialen Rollen und Rollenspielen. Das Gefühl »ich bin die und die Person mit dem und dem Namen in dieser Stellung, die jetzt handelt«, schwindet, und ein viel fundamentaleres Gefühl des Selbst tritt an seine Stelle. Im Fluß gibt es kein soziales »Ich«, kein erlerntes Bewußtsein des »Selbst«, kein Ich-Gefühl, das wie eine Wand zwischen jedem Menschen und der totalen Erfahrung steht.«[5]

Die größten Hindernisse für den natürlichen Fluß der Kreativität sind ein überstrenges, unbarmherziges Gewissen und ein negatives Selbstbild. Durch die Meditation wird jedoch oft erreicht, daß das Gewissen, das die Psychoanalytiker als Über-Ich bezeichnen, flexibler wird. Der Meditierende wird verständnisvoller mit sich selbst und fängt an, sich zu bejahen.

II Buddhistische Geistesschulung

Das Abhidharma-System der Geistesfaktoren

Bereits die frühen Buddhisten entwickelten eine hochdifferenzierte Psychologie, das *Abhidharma*-System, das den verschiedenen Techniken buddhistischer Geistesschulung zugrunde liegt. Diese buddhistische Psychologie, die die Erforschung unserer Handlungen und Motive, das objektive Beobachten unserer Leidenschaften und Wünsche und das Achtgeben auf die Gedanken, die durch unser Bewußtsein schlüpfen, umfaßt, will dem Meditierenden Methoden in die Hand geben, mit deren Hilfe er sich des unerforschten Territoriums der Gedanken, Sinneswahrnehmungen und Gefühle bewußt werden kann.

Das Abhidharma-System betrachtet den Menschen als einen »Fluß von Ereignissen *(Dharmas)*«. Das menschliche Bewußtsein befindet sich in einem ständigen Fluß, dessen Elemente sich stets neu gruppieren. Was immer wir auch zu einem bestimmten Moment sind oder zu sein denken, ist nichts Dauerhaftes, Immerwährendes und Ewiges. Alles ist im ständigen Wandel begriffen. Die Funktionsweise des menschlichen Bewußtseins wird in der folgenden tibetischen Parabel sehr bildhaft dargestellt:

»Eine Person ist wie eine beratende Körperschaft, die aus einer Anzahl von Mitgliedern besteht. Die Diskussionen dieser Versammlungsrunde haben kein Ende. Dann und wann erhebt sich ein Mitglied, hält eine Rede und empfiehlt eine Handlung; die Kollegen stimmen zu, und man entscheidet, den Vorschlag in die Tat umzusetzen. Zuweilen erheben sich einige Mitglieder der Gesellschaft gleichzeitig und schlagen dabei ganz verschiedene Dinge vor, und jeder von ihnen

stützt aus Eigeninteresse seinen Vorschlag. Diese Meinungs-
verschiedenheiten und die Leidenschaftlichkeit, mit der die
Redner ihre unterschiedlichen Ansichten vertreten, können
manchmal auch zu Streit oder gar gewaltsamen Auseinander-
setzungen führen, so daß die Mitglieder untereinander hand-
gemein werden.

Von Zeit zu Zeit scheiden Gesellschaftsmitglieder auf ihren
eigenen Wunsch aus der Körperschaft aus; andere werden
nach und nach herausgedrängt; mancher wird auch von seinen Kollegen gewaltsam ausgeschlossen. Und immer wieder
gibt es neue Gesichter in der Runde. Entweder sie haben sich
durch die Tür hereingeschlichen oder sich gewaltsam Zutritt
verschafft.

Es kommt auch vor, daß gewisse Mitglieder der Gesellschaft
allmählich verblassen; ihre Stimme wird schwächer, bis sie
schließlich nicht mehr vernehmbar ist. Gleichzeitig werden
andere, die zuerst schwach und zurückhaltend schienen, stärker und fordernder, sie werden ungehalten und brüllen ihre
Meinung in die Runde, sie terrorisieren ihre Kollegen, beherrschen sie und enden schließlich als Diktator.

Die Mitglieder dieser beratenden Körperschaft sind niemand
anderes als die physischen und geistigen Elemente, aus denen
sich eine Person konstituiert; sie sind unsere Instinkte, unsere Neigungen, unsere Vorstellungen, unsere Weltanschau-
ungen, unsere Wünsche. Jedes Element, jeder einzelne Da-
seinsfaktor ist aufgrund seiner Ursachen Abkömmling vieler
davon ausgehender untergründiger Strömungen und Erbe
ganzer Ereignisketten, die weit in die Vergangenheit zurück-
reichen und deren Spuren sich in den schemenhaften Weiten
der Unendlichkeit verlieren.«[6]

Der Bewußtseinsstrom ist einem Film vergleichbar, bei dem der
Ablauf von Bildern pausenlos neue Eindrücke vermittelt. In
Sekundenbruchteilen springt der Geist von einem Objekt zum
anderen und nimmt dabei jeden Sinneseindruck für sich wahr.

Nach der buddhistischen Abhidharma-Psychologie wirken in jedem Geiste fünf allgegenwärtige Faktoren, die als *Sparsha, Vendana, Samjna, Cetana* und *Manaskara* bezeichnet werden. *Sparsha,* der erste der fünf Geistesfaktoren, heißt soviel wie »Berührung« oder »Kontakt«. In den Schriften wird *Sparsha* dem Sinnesorgan, dem Sinnesbewußtsein und dem Sinnesobjekt zugeschrieben. Durch die Interaktion dieser drei Elemente kommt es zu einem Kontakt mit der Außenwelt und zu einem Bewußtwerden der Sinneswahrnehmungen. Für den Buddhisten ist das Bewußtsein völlig von der Außenwelt und den äußeren Eindrücken abhängig. Erst wenn ich eine Blume wahrnehme, kann ich mir auch der Vorstellung Blume bewußt werden. Das Bewußtsein ist wie ein Raum, der durch seine Berührung mit der Außenwelt eine Funktion erhält.

Die Berührung mit den Sinnesobjekten führt zur »Gefühlsfärbung«, zu *Vedana,* dem zweiten Geistesfaktor. Diese Gefühlsfärbung kann positiv, negativ oder neutral sein. Das Abhidharma unterscheidet zwischen geistigen und körperlichen Gefühlen. Die geistigen Gefühle, die unsere positiven, negativen oder neutralen Reaktionen auf Vorstellungen von erwünschten, unerwünschten oder gleichgültigen Dingen darstellen, stehen immer im Bezug zu unseren Ansichten darüber, was gut oder schlecht ist, und zeigen an, ob die jeweilige Wahrnehmung mit unseren Ansichten in Konflikt steht.

Jede innere Bewegung, jedes Gefühl drückt sich wiederum in unserem Körper aus, der sich nicht so verstellen kann, wie das unsere Worte tun. Die körperlich erlebten Gefühle sind wirklicher als Ansichten, Bilder oder sonstiges Wahrnehmen von außen. Für die Buddhisten gründet die Weisheit auf intelligentem Beobachten der körperlich erlebten Gefühle. Die ernsthafte Beobachtung der Körpergefühle ist eine Voraussetzung für die Emanzipation des Geistes:

»Dies eine Ding, ihr Brüder, entfaltet und häufig geübt, führt zu tiefer Ergriffenheit, zur hohen Sicherheit, zu Achtsamkeit und Wissensklarheit, zum Erlangen des Erkenntnisblickes, zu gegenwärtigem Glückszustand, zur Verwirklichung der Wissensbefreiung und zur Erleuchtung. – Welches eine Ding? Die auf den Körper gerichtete Achtsamkeit.«[7]

Samjna, der dritte Geistesfaktor, wird als das Klassifizieren und Definieren von Ereignissen und Gegenständen bezeichnet. Während *Sparsha* eine ungeordnete Vielheit von Wahrnehmungen vermittelt, stellt *Samjna* dieses Vielerlei unter einen Begriff und bringt Einheit in die Mannigfaltigkeit der Wahrnehmung. Ohne die verknüpfende und begriffsbildende Tätigkeit von *Sparsha* würden die Sinneswahrnehmungen unverständlich bleiben.

Cetana, der vierte Geistesfaktor, wird gewöhnlich mit »Wille« übersetzt. Damit ist nicht nur der Wille zum Handeln gemeint, sondern schon der dem Handeln vorausgehende Antrieb. Auf der elementarsten Ebene ist der Wille als eine Intentionalität bereits in jedem Bewußtseinsmoment vorhanden. Die Intentionalität kann sowohl die bewußte Konzentration auf einen Gegenstand als auch nur die bloße Begierde nach Sinnesreizen sein. Bei den meisten Menschen ist die *Cetana*-Kraft außer Kontrolle und taumelt wie ein Betrunkener von einem Gegenstand zum nächsten.

Als Gegengewicht gegen diese Tendenz verfügt das Bewußtsein über eine Kraft, dem fünften Geistesfaktor, der als *Manaskara* bekannt ist. *Manaskara* bedeutet »Konzentration«, »Aufmerksamkeit« oder »Wachheit«. Die *Manaskara*-Kraft bewirkt eine Sammlung und Gelassenheit, die bewirkt, daß man von allen Ablenkungen in Ruhe gelassen wird. Diese höchste Sammlung *(Samadhi)* kann nicht erreicht werden, indem man versucht, die Ablenkungen durch reine Willensanspannung zu bekämpfen, sondern einzig und allein durch die harmonische Zusammenwirkung der fünf Geistesfaktoren.

»Was die Momente wahren *Samadhis* auszeichnet – das werden Sie dann bemerken – ist, daß alle fünf allgegenwärtigen Geistesfaktoren harmonisch zusammenwirken: 1. Sie sind in Kontakt mit dem, was Sie tun; 2. es ist von einer positiven Gefühlsfärbung begleitet; 3. Sie haben eine klare Vorstellung davon; 4. Sie sind mit einer gewissen Absichtlichkeit darauf gerichtet; 5. Sie können Ihre Aufmerksamkeit darauf richten, ohne abgelenkt zu werden.«[8]

Die positiven Geisteszustände

»Wir sind, was wir denken.
Alles, was wir sind, entsteht
mit unseren Gedanken. Mit unseren
Gedanken machen wir die Welt.«

Buddha

Für den Tantriker hängt die Gefühlsfärbung einer jeden Situation weitgehend davon ab, welche Vorstellung wir uns von ihr machen. Je mehr positive Energie wir aufbringen, um uns das vorzustellen, was wir uns wünschen, desto mehr werden sich diese Vorstellungen im Leben manifestieren. Durch eine absichtlich herbeigeführte Veränderung des Bewußtseins vermag der Tantriker negative Einstellungen in positive zu transformieren. Die Tantriker verfallen damit nicht dem Glauben, daß man sich durch einen bloßen Akt der Vorstellung ewiges Glück sichern könnte. Positives Denken allein bringt keine Erfüllung; es kommt darauf an, aktiv an sich zu arbeiten.

Nach Ansicht der Tantriker ist jeder einzelne für sein eigenes Leben verantwortlich. Sind wir mit irgendwelchen Lebensumständen oder Beziehungen nicht einverstanden, dann liegt es an uns, diese zu verändern. Der Tantriker klagt nicht über das, was geschehen ist, sondern konzentriert seine Kräfte darauf, aus einer unerwünschten Situation etwas Positives zu machen. So betrachtet er selbst negative Situationen als Chance für Veränderungen. Dies bedeutet nicht, daß er das Negative nicht zur Kenntnis nimmt; er weigert sich lediglich, sich ihm zu unterwerfen.

Die Verwandlung in ein positives Wesen findet hier und jetzt statt, in diesem Augenblick. Alles, was war, ist vorbei, und das Morgen ist das Ergebnis dessen, was wir heute denken. Lassen wir uns zu stark von den Gedanken an die Vergangenheit oder von den Sorgen vor der Zukunft beeinflussen, schließen wir uns von den wohltuenden Auswirkungen des positiven Denkens aus. Es kommt weder darauf an, zurückzuschauen auf das, was wir getan beziehungsweise nicht getan haben, noch darauf, zu weit nach vorn zu schauen, sondern darauf, den gegenwärtigen Augenblick zu erleben. Die Beschäftigung mit dem Gestern oder dem Morgen läßt die Gegenwart ungelebt.

Jeder Mensch verfügt nach Meinung der Tantriker über die Kraft, sich in ein positives Wesen zu verwandeln, wenn er nur die Macht seiner schöpferischen Vorstellungskraft erkennt.

Longchenpa, ein tibetischer Meister, erklärt in einem seiner Hauptwerke (Kindly Bent to Ease Us), das von H. v. Guenther ins Englische übersetzt wurde, die Verbindung zwischen vier positiven Gemütszuständen und ihren negativen Entsprechungen, die die Oberhand gewinnen, sobald eine Erfahrung ichbetont wird. Diese positiven Zustände mit ihren negativen Entsprechungen sind folgende:

Positive Zustände	Negative Zustände
Freude	Überschwang
Gelassenheit	Gleichgültigkeit oder Arroganz
Liebe	Anhaften
Mitgefühl	Sentimentalität

Aus Freude kann sehr leicht Überschwang, aus Gelassenheit Gleichgültigkeit, aus Liebe Anhaften und aus Mitgefühl Sentimentalität werden. Wenn man diese Zusammenhänge jedoch durchschaut hat, kann man nach Ansicht von Longchenpa durch entsprechende Gegenbewegung das innere Gleichgewicht wiederherstellen. So neutralisiert Freude die Tendenz zur Sentimentalität, Gelassenheit die zum Überschwang, Liebe die zur Gleichgültigkeit und Mitgefühl die zum Anhaften.

In den Pali- und Sanskrit-Texten wird Freude meist mit *Ananda* oder *Piti* (Sanskrit: *Priti*) bezeichnet. Auch im heutigen Sprachgebrauch der indischen Völker drückt *Piti* sowohl erotische Freude als auch die Freude religiöser Ekstase aus.

Im *Visuddhi Magga*, dem praktischen Handbuch des Abhidharma, werden fünf verschiedene Stufen von Piti beschrieben. Die erste Stufe *(Khuddika-Piti)* ist eine »leichte Verzückung«, die ein Haarsträuben am Körper erzeugt. Die zweite Stufe *(Khanika-Piti)*, »die momentane Verzückung«, gleicht dem von Augenblick zu Augenblick zuckenden Blitz. Die dritte Stufe *(Okkantika-Piti)* wird als »überströmende Verzückung« bezeichnet und ist so hinreißend wie eine Woge, die das Meeresufer überflutet. Die vierte Stufe *(Ubbega-Piti)*, die »emportreibende Verzückung«, ist so mächtig, daß sie einen Luftsprung bis hin zum Schwebezustand bewirken kann. Die fünfte Stufe *(Pharana-Piti)*, die »durchdringende Freude«, erfüllt den ganzen Körper mit gelassener Heiterkeit, so wie der Ozean den Abgrund vollkommen erfüllt.

Nicht nur die verzückte Freude, die ein vollkommenes Gestilltsein des Körpers und des Geistes bewirkt, wird als Piti bezeichnet, sondern auch die milde, erregungsfreie geläuterte Freude *(Mudita)*. *Mudita* steht im Gegensatz zu Neid, Geiz, Eifersucht, Spott, Hohn und Wettkampf und erlaubt keine Selbstverschmutzung durch Mißgunst, Verbitterung und Langweile. Mudita ist eine Steigerung der selbstlosen Heiterkeit, die verbunden ist mit der Freigiebigkeit, dem Nichthaften, dem Wohlwollen und der Freude am Glück anderer.

Gelassenheit oder Gleichmut *(Upekkha)* ist eine erhabene Unabhängigkeit, die alles Schwanken in Extremen ausgleicht und zu einer ständigen Verfeinerung des Glücks führt. Der gelassene Mensch hat seine Affekte überwunden und findet Halt im Bewußtsein, mit den ewigen Gesetzen des Kosmos in Harmonie zu sein. Aus diesem Wissen entspringt sein Lebensglück, und er vermag allen Widerwärtigkeiten des Daseins mit Gelassenheit zu begegnen.

Die Texte des Abhidharma unterscheiden drei verschiedene Arten von Liebe: *Kama-Raga,* die sinnlich besitzergreifende Liebe, *Sineha* oder *Pema,* die Liebe, die sich in Zuneigung und Anschmiegsamkeit äußert, und *Metta,* die nicht-besitzergreifende Liebe, die mit mehr Glück erfüllt als die anderen. *Metta,* die höchste Liebe, die im Gegensatz zur sentimentalen oder abgöttischen Liebe steht, ist frei von allen Keimen der Ausschließlichkeit, des Egoismus, der Unterwürfigkeit und jedem Besitzanspruch. Sie wird definiert als eine geistige Qualität, in der man anderen nur Gutes wünscht und das Bedürfnis fühlt, ihr Wohlergehen zu fördern.

Das Mitgefühl, *Karuna,* ist ein von Verständnis getragenes Mitleid, das nichts mit törichter Hilfsbereitschaft und Sentimentalität zu tun hat. Es handelt sich um ein einfühlendes Verstehen und ein liebevolles Akzeptieren des Menschen, das an keine Bedingungen geknüpft ist.

Ist der Mensch im Besitz dieser vier positiven Geisteszustände, die durch die Achtsamkeitsmeditation gefördert werden, befindet er sich wie der wahre Tantriker in einem Zustand andauernder Freude und Eingestimmtseins auf die Umgebung. Sein Geist ist frei von Gier, Haß, Trägheit, Aufgeregtheit, Zweifel, Selbstvorwürfen und Gewissensbissen. Er genießt das Hier und Jetzt und ist von der Intensität des Augenblicks gefesselt:

»Der wahre Tantriker ist stets in einem Zustand des Gewährenlassens und der Freude. Jeder einzelne Augenblick des Lebens hat den Zweck, *Ananda* zu erfahren. *Ananda* ist die aktive Freude über alles, was dir begegnet ... Im Idealfall befindet sich der Tantriker in einem solchen Zustand des Eingestimmtseins auf seine Umgebung, auf das, was möglich ist, daß sein Wunsch genau in dem Augenblick wach wird, wo seine Umwelt bereit ist, ihn zu erfüllen. Wenn eine Frau ihn begehrt, ist sein Wunsch nach ihr schon zur Stelle; wenn Speise für ihn bereitsteht, läuft ihm schon das Wasser im Mund zusammen. Ein Tantriker hat nur solche Wünsche, die seine Umwelt erfüllen kann und will. Das liegt nicht daran, daß er seine Wünsche verleugnet oder wegrationalisiert, sondern daran, daß er seine Fähigkeit zur Aufmerksamkeit entwickelt hat und in jedem einzelnen Augenblick ganz genau weiß, wo er ist und was er tut.«[9]

Die buddhistischen Tantriker setzen häufig Freude, Seligkeit oder höchstes Glück mit Erleuchtung gleich. Freude und Glück gelten als Ausdruck des natürlichen und wahrhaft menschlichen Zustandes. Sie liegen im menschlichen Bewußtsein verborgen, wie ein Juwel, das im Schlamm verlorengegangen ist. Wir können sie wiederentdecken, indem wir uns öffnen, ganz einfach loslassen und dem Leben vertrauen. Lebensfreude im höchsten Sinne stellt sich dann ein, wenn der Mensch alles verwirklicht hat, was ihm an kreativen Möglichkeiten gegeben ist. Die Tantriker betrachten die Freude als eine Kraft, die alle »Krankheiten« verbannt, die die Menschen lähmen, wie Egoismus, Angst, Trennung, Gier und so weiter. Freude ist das natürliche Ergebnis eines Lebens im Einklang mit sich selbst und dem Universum.

Wahres und andauerndes Glück erfordert Freude und Klarheit. Es besteht darin, mit den Tatsachen, die dem Zufriedensein und dem Wohlergehen entgegenwirken, geschickt umzugehen. Die Qualität des Lebens wird durch die Glücksfähigkeit bestimmt, die das Ergebnis menschlicher Reife ist.

Eine Voraussetzung für die Glücksfähigkeit ist die Überwindung der Gier. Der Tantrismus will nicht erreichen, daß ein Mensch durch die Unterdrückung seiner Begierden ein tugendhaftes Leben führt, sondern vielmehr, daß sie durch die Erweiterung des Bewußtseins allmählich verblassen und von allein verschwinden. Für den Tantriker sind moralische Richtlinien weniger bedeutend, da das eigentliche Ziel der geistigen Schulung darin besteht, einen Entwicklungsstand zu erreichen, auf dem Moral etwas ganz Natürliches ist. Menschen, die eine höhere Entwicklungsstufe erklommen haben, handeln nach einem inneren Moralgesetz und haben vor den Regeln der Gesellschaft wenig Respekt. Eiserne Gesetze der Moral zerstören die Spontaneität und hemmen die Entwicklung des Menschen. Nichts ist für den Tantriker, der danach strebt, das Leben in seiner Lebendigkeit selbst zu erfassen, fataler als beabsichtigte Tugend, die durch Zwang und gewaltsame Unterdrückung gekennzeichnet ist. Im Tantrismus kommt es darauf an, die Lebendigkeit des Menschen, seine angeborene Freiheit und vor allem die Ganzheit seines Lebens zu erhalten. Wir sollten frei sein wie ein Vogel, der durch die Lüfte fliegt und nicht unter der Tyrannei moralischer Richtlinien leidet.

Der tantrische Meister ist das lebendige Beispiel eines Menschen, der sich außerhalb des Rahmens anerkannter Tugenden bewegt. Unbeeindruckt von gesellschaftlichen Konventionen, als sein eigener Herr und Meister steht er in einer Tradition, die lehrt, daß man Traditionen brechen muß, um sich zu finden.

Der Meister beziehungsweise der Weise, der keine Schwäche in seinem Charakter hat und mit spontaner Vollkommenheit handelt, befindet sich jenseits von Gut und Böse.

»Der Meister erfüllt nicht die Vorstellung eines Ideals vom rechten Menschen. Er entspricht nicht dem Bild dessen, der man sein sollte im Sinne der herkömmlichen Werte des Schönen, Wahren und Guten. Was vom Meister ausgeht, ist dem wahren Bürger ein Greuel, so wie dieser das unerschöpfliche Angriffsziel für die spitzen Pfeile des Meisters ist. Der Meister ist kein konsolidierendes Element, sondern eine revolutionäre Figur. Man weiß nie, was kommt. Er ist unberechenbar und widersprüchlich wie das Leben.«[10]

Der vollkommene Meister, der universell und einzigartig ist, hat Ähnlichkeit mit einem Bodhisattva, dem es ganz und gar freisteht, am kosmischen und sozialen Spiel teilzunehmen. Schließt er sich dem Treiben der Welt ohne innere Bindung an, so ist er wie ein Schauspieler, der eine Rolle spielt, ohne diese ernst zu nehmen.

III Die Stufen der Meditation im tibetischen Buddhismus

Der Elefantengeist

Die Tibeter vergleichen den Geist eines Menschen mit dem eines wilden Elefanten, den es zu zähmen gilt. So wie ein wilder Elefant viel Unheil anrichten kann, vermag ein ungezähmter Geist dem Menschen und anderen Lebewesen großen Schaden zuzufügen. Ist er jedoch einmal gezähmt, so kann er für konstruktive Tätigkeiten eingesetzt werden, die dem Wohle aller dienen.

Die Abbildung auf Seite 35 zeigt einen Elefanten, der die zehn Stadien der Konzentration symbolisiert, die auf den Seiten 38 bis 41 näher beschrieben werden. Diese Stadien werden mit Hilfe der folgenden sechs Kräfte erreicht: Die erste Stufe erklimmt man durch das Anhören der mündlichen Anweisungen eines Gurus, die zweite durch die Kraft des Denkens, die dritte und vierte durch die Achtsamkeit, die fünfte und sechste durch die Kraft der unterscheidenden Wachsamkeit, die siebte und achte durch die der freudigen Anstrengung und die neunte durch die Kraft der vollständigen Vertrautheit. Die sechs Kräfte werden auf der Abbildung durch die sechs Kurven angedeutet. Die schwarze Farbe des Elefanten, die mit dem Aufstieg langsam verblaßt, symbolisiert die geistige Trägheit, die ein großes Hindernis für die Meditation darstellt. Der schwarze Affe, der vor dem Elefanten herläuft, versinnbildlicht die Erregung, ein anderes Hindernis für die erfolgreiche Konzentration. Der Mönch, der den beiden folgt, stellt den Meditierenden selbst dar. Der Elefantenhaken in seiner rechten Hand symbolisiert die unterscheidende Wachsamkeit, das Seil in seiner Linken die Achtsamkeit. Scharfe Achtsamkeit muß der Erschlaffung und Erregung entgegenwirken. Die Flammen, die die Anstrengung

symbolisieren, werden immer niedriger, je höher die drei steigen. Früchte, eine Muschel und andere Dinge am Wegrand
symbolisieren die fünf Sinnesobjekte, von denen sich der Geist
während der Meditation abwenden muß. Das Kaninchen auf
dem Rücken des Elefanten versinnbildlicht das leichte Erschlaffen während der Meditation. Auf der letzten Stufe hat der Meditierende die Kontrolle über den Geist erlangt und sitzt nun auf
dem Rücken des weißen Elefanten.

Die fünf Hindernisse der Meditation

1. Trägheit und Erregung

»Mit dem Seil der Achtsamkeit binde den
abschweifenden Elefanten des Geistes fest
an den starken Pfeiler des Konzentrationsobjekts,
bringe ihn dann langsam mit dem Eisenhaken der
Intelligenz unter Kontrolle.«[11]

Bhavaviveka

Zur Bekämpfung des ersten Hindernisses für die Meditation
wird dem Meditierenden empfohlen, sich darüber bewußt zu
werden, welche Nachteile ein träger Geist hat. Lethargie und
Erregung machen es dem Übenden schwer, die innere Harmonie, Sammlung und Ruhe aufzubringen, die für eine erfolgreiche Konzentration unerläßlich sind. Aus diesem Grunde
sollte der Übende während der geistigen Übung lernen, seine
Aufmerksamkeit auf ein Objekt zu richten. Jede Art von Objekt eignet sich, um die geistige Ruhe zu erlangen.

2. Das Vergessen des Meditationsobjekts

»Auf ein Objekt richte
fest die Aufmerksamkeit des Geistes.
Umherschweifen von zu vielen Objekten
verwirrt nur den Geist.«[12]

Asvaghosa

Der Meditierende sollte vermeiden, von einem zum anderen Objekt zu springen. Das gewählte Objekt sollte ununterbrochen festgehalten werden, bis man mit ihm vertraut geworden ist und es sich mühelos in seinem Geist vorzustellen vermag. Konzentrationsfähigkeit und Gedächtniskraft verhindern das Abschweifen der Aufmerksamkeit vom gewählten Objekt.

3. Absinken oder Erregung

»Kultiviere unterscheidende Wachsamkeit,
die plötzliche Bewegung wahrnimmt.«[13]

Hält man ein Objekt mit Achtsamkeit fest, so wird man bemerken, daß die Aufmerksamkeit nicht immer gleich stark ist. Solange das Objekt ganz klar vor dem geistigen Auge erscheint, schadet es nichts, wenn die Konzentration ein wenig nachläßt. Geht die Geistesklarheit jedoch verloren, sollte sich der Meditierende bemühen, die Aufmerksamkeit wieder zu erhöhen. Durch wachsame Intelligenz kann er der Erschlaffung und geistigen Erregung entgegenwirken und verhindern, daß er sich von einem anderen Objekt angezogen fühlt.

4. Die Nichtanwendung von Gegenmitteln

»Strenge ich mich an, so entsteht Erregung,
tue ich es nicht, läßt die Festigkeit des Geistes nach,
habe ich Schwierigkeiten, die richtige Meditation
    zu erreichen,
verwirrt das meinen Geist. Was soll ich tun?«[14]

Candragomin

Der vierte Fehler der Meditation besteht darin, daß der Übende es unterläßt, Gegenkräfte gegen das Erschlaffen und die Erregung beziehungsweise Zerstreutheit anzuwenden. Kommt es zu einem leichten Absinken der Aufmerksamkeit, muß die Konzentrationsfähigkeit lediglich ein wenig erhöht werden.

Durch die verschärfte Konzentration auf das Objekt kann es jedoch erneut zur Erregung kommen. Sollte dies geschehen, muß die Konzentration leicht gelockert werden. Buddha führt hier das Beispiel einer Laute an, deren Saiten weder zu straff noch zu locker gespannt sein dürfen, um einen angenehmen Klang zu erzeugen.

5. Die Anwendung der Gegenmittel zur falschen Zeit

»Wenn der Geist in seinem ursprünglichen unveränderlich ruhigen Zustand belassen wird, so strahlt das Wissen wie ein Licht. Wenn dieser Zustand aufrechterhalten wird, in seiner Ruhe dem gleichmäßig dahinströmenden Fluß vergleichbar, so ist das Wissen in all seiner Fülle erreicht.«[15]

Milarepa

Es passiert manchmal, daß der Meditierende, obwohl er sich in einem tiefen Entspannungszustand befindet und sein Geist nicht mehr von Erregung oder Absinken betroffen ist, die Gegenmittel anwendet. Durch den »Gleichmut der Nichtanwendung« kann dieser Fehler vermieden werden.

Solange diese fünf Hindernisse nicht überwunden sind, kann der Meditierende nicht in den ersehnten Entspannungszustand kommen. Um die Hindernisse zu neutralisieren, sollte der Meditierende die acht Dharmas anwenden: Glauben, Entschlossenheit, Energie, Willen, Erinnerung, wachsame Intelligenz, sofortige Reaktion und Gleichmut.

Die zehn Stufen der Konzentration

Erste Stufe: Ruhenlassen des Geistes

Wenn sich der Meditierende zu Beginn seiner Meditation auf ein Objekt konzentriert, um seinen Geist zu beruhigen und zu zentrieren, bemerkt er, daß er die Aufmerksamkeit auf den gewählten Gegenstand nur kurz aufrechterhalten kann. Gedanken sprudeln hervor; er hat den Eindruck, mehr unkontrollierte Gedanken zu haben als vorher. In Wirklichkeit hat die Gedankenflut aber nicht zugenommen, der Meditierende wird sich ihrer nur mehr bewußt.

Zweite Stufe: Ununterbrochenes Ruhenlassen

Fährt der Meditierende fort, sich ununterbrochen auf das Objekt zu konzentrieren, lassen die unkontrollierten Gedanken mit der Zeit nach; der Übende erfährt zum ersten Mal den Stillstand von Gedanken. Die unkontrollierten Gedanken entstehen zwar noch, beruhigen sich aber durch die Kraft des Denkens wieder und irritieren den Meditierenden nicht mehr.

In den ersten beiden Stadien läßt sich der Geist noch weitgehend zerstreuen, und Trägheit und Erregung treten vermehrt auf. Durch die »Kraft des Denkens« muß der Geist stets wieder gestrafft werden, damit man zur dritten Stufe gelangen kann.

Dritte Stufe: Erneutes Ruhenlassen

Im Laufe dieser Stufe werden die Perioden ununterbrochener Konzentration länger, aber es passiert, daß der Geist erneut auf Erschlaffung und Zerstreuung stößt. Durch »Wachsamkeit« können Erschlaffung und geistige Zerstreutheit verhindert werden.

Vierte Stufe: Beherrschung

Durch die erhöhte Kraft der Achtsamkeit erreicht der Meditierende das Stadium der Beherrschung, in dem das Objekt nicht mehr verlorengehen kann. Trotzdem tauchen Gedanken und Leidenschaften noch in ständiger Wiederholung auf. Durch die Kraft der Wachsamkeit vermag der Meditierende jeden Gedanken oder jede Gefühlsbewegung, die auftaucht, sofort abzuschneiden und seinen Geist immer fester auf den Gegenstand zu richten.

Fünfte Stufe: Unausgesetztes Ruhenlassen

Obwohl der Geist in diesem Stadium so sehr nach innen gewandt ist, empfindet er manchmal noch ein Gefühl der Unzufriedenheit im Hinblick auf die Konzentration; und die Gefahr, in leichtes Absinken zu verfallen, ist sehr groß. Aus diesem Grunde muß der Meditierende jetzt die »Kraft der unterscheidenden Wachsamkeit« einsetzen und dem Geist durch die Betrachtung der Vorzüge beständiger Konzentration neue Kraft geben.

Sechste Stufe: Befriedigung

In diesem Stadium ist der Geist belebt und gekräftigt, Erschlaffung und Erregung werden immer seltener. Dennoch sollte die »Kraft der unterscheidenden Wachsamkeit« eingesetzt werden, um nicht unter den Einfluß von subtilem Absinken und subtiler Erregung zu geraten.

Siebente Stufe: Umfassende Befriedigung

In diesem Stadium ist das Bewußtsein so erwacht, daß Absinken und Erregung kaum noch auftreten. Trotzdem ist der Meditierende noch nicht völlig sicher vor Erschlaffung und Zerstreuung und muß noch Anstrengung aufwenden, um sie auszuschalten. Die Konzentration wird in diesem Stadium durch »freudige Anstrengung« erreicht.

Achte Stufe: Einsgerichtete Anwendung

In diesem Stadium konzentriert sich der Geist ohne Anstrengung und bleibt von sich aus beständig. Deshalb wird von der achten Stufe an die wachsame Intelligenz überflüssig. Diese Stufe wird durch die »freudige Anstrengung« erreicht.

Neunte Stufe: Spontanes Ruhenlassen

Der Geist befindet sich nun in einem Zustand beständigen Gleichmuts, und die Konzentration ist ganz spontan. Die neunte Stufe wird durch die »Kraft der Vertrautheit« erreicht.

Zehnte Stufe: Samadhi (Glückseligkeit)

Die letzte Stufe öffnet die wahre Pforte zur tantrischen Mystik und führt zum permanenten *Sahaja*-Zustand (*Sahaja* = Spontaneität) oder zum Verweilen in der »Großen Glückseligkeit«, die jenseits aller Dualität liegt. In diesem Zustand »lösen sich alle ungünstigen Bedingungen von Körper und Geist auf, die diese für eine positive Entwicklung unbrauchbar machen. Unter

Auflösung verstehen wir, daß die grobstofflichen Winde oder Energien sich auflösen, die Körper und Geist tragen. An ihre Stelle tritt nun die Wonne körperlicher und geistiger Geschmeidigkeit, in der sich Körper und Geist positiv weiterentwickeln.«[16]

IV Voraussetzungen für die Meditation

Die äußere und innere Haltung

Die gerade Haltung des Oberkörpers und eine geschmeidige Wirbelsäule sind für den Yogi eine wesentliche Voraussetzung für ein gesundes Leben und ein klares Bewußtsein. Die Sitzhaltung muß fest und bequem sein, sonst ist das Ausführen der Meditation unmöglich. Durch eine feste Haltung findet der Meditierende zu seiner Erdmitte. Die bequeme Haltung erlaubt es ihm, längere Zeit unbeweglich zu bleiben, ohne daß er dabei Unbehagen empfindet. Sehr wichtig ist es, daß Kopf, Nacken und Rücken eine gerade Linie bilden.

Alle Yogatexte betonen die Notwendigkeit, die Wirbelsäule während der Meditation aufrecht zu halten, um das Zusammenpressen der Bauchorgane zu vermeiden. Durch die aufrechte Stellung werden auch die Nerven an Steiß- und Kreuzbein besser durchblutet und dadurch revitalisiert. Anfangs wird es dem Meditierenden schwerfallen, aufrecht zu sitzen. Immer wieder wird er sich dabei ertappen, wie sein Rücken schwach wird und zusammensinkt. Nach einiger Übungszeit werden sich die Rückenmuskeln jedoch soweit gestärkt haben, daß die gerade Haltung mühelos gelingt. Besonders wichtig ist es, auf die Entspannung der Schultern zu achten, da diese sehr oft verspannt sind. Der Übende muß sich bewußt werden, daß diese physische, oft schmerzhafte Verspannung in der Schultermuskulatur sein Inneres ausdrückt. Hochgezogene Schultern sind Ausdruck mangelnden Selbstvertrauens und Anzeichen für viele Ver drängungen. Das Fallenlassen der Schultern ist eine Geste des Vertrauens und der Gelassenheit.

Es ist bekannt, daß sich psychische Zustände auf das körperliche Befinden auswirken. Umgekehrt kann die Körperstruktur auch die Gefühlszustände beeinflussen. Diese Anschauung bezeichnet man als »somatopsychisch«. So hat die aufrechte, bewegungslose, entspannte Haltung eine wohltuende Wirkung auf den Geist. Vollkommenes Stillsitzen führt zu einem Stillwerden des Gemüts, das auch durch äußeren Lärm nicht mehr gestört wird.

Es gibt kaum etwas, das dem westlichen Menschen so fehlt wie die Stille. An den Lärm der Welt und das innere Tönen der unterdrückten Gefühle, der verdrängten Triebe und Sehnsüchte gewöhnt, flieht er vor der Stille und der Begegnung mit sich selbst. Durch die Unbeweglichkeit des Leibes stellt sich eine Stille ein, die mehr ist als nur das wohltuende Fehlen von Lärm und Unruhe. Die rechte Stille, nach der sich die Seele sehnt, ist eine Erfahrung des sich erfüllenden Lebens selbst.

»Was geht bei diesem vollkommenen Stillsitzen vor? Das läßt sich in Worten nur schwer beschreiben. Doch jeder, der einmal die Mühe auf sich genommen hat, auch nur einige Wochen lang täglich eine halbe Stunde die Regungslosigkeit des Leibes zu üben, wird sonderliche Dinge erleben. Er wird dabei nicht nur seltsame Erfahrungen machen, sondern, wenn er dafür überhaupt noch ein Organ besitzt, auch Erfahrungen von einer Bedeutsamkeit, die ihn veranlassen werden, diese Übung nie mehr fallen zu lassen. Er wird zu Anfang erschreckt sein über das Maß der Unruhe, das in ihm steckt, über die Vielzahl gegensätzlicher Gefühle, die in ihm aufsteigen, über die Flucht unzusammenhängender Gedanken und Bilder, die ihn bedrängen, über das Maß an Störungen, die durch unkontrollierte Bewegungsimpulse die eben gewonnene Ruhe verderben, über die Vielzahl von Stimmen, die in ihm laut werden, über die Abgründe, die sich von seinem Unterbewußtsein her auftun. Aber, wenn er nur durchhält – und dazu bedarf es einer gläubigen Geduld –, wird er allmählich erfahren, wie dieser ganze innere Aufruhr allmählich dahinsinkt –, nicht weil man müde wird und anfängt zu dösen, sondern weil mit der Stille des Leibes auch allmählich jener tiefer Grund unseres Wesens ins Innensein tritt, der vor und jenseits aller Bilder und Gedanken, aller Triebe und Bewegungsimpulse und aller Ich-Gegenstandsspannung da ist und alles in eins übergreift und zusammenschließt. Auf das Einswerden mit diesem Grund kommt es an.«[17]

Es wäre natürlich falsch, von der äußeren Haltung alles zu erwarten und die innere Verfassung unberücksichtigt zu lassen. Die Meditation fordert sowohl ein körperliches Loslassen als auch das Loslassen psychischer Spannungen und Ich-Impulse. Es geht zunächst darum, sich dieser Verspannungen bewußt zu werden. Dies geschieht am besten durch einfache Entspannungsübungen, die stets vor den Visualisationsübungen durchgeführt werden sollten. Durch diese Übungen werden dem Meditierenden vorher nicht wahrgenommene Fehlspannungen bewußt. Die Entspannungsübungen bieten eine bewährte Hilfe zum Erkennen, Annehmen und Bejahen vorhandener Spannungen und der damit verbundenen psychischen Fehlhaltungen.

Wenn Körper und Geist entspannt sind, wird das Gehirnwellenmuster augenblicklich langsamer. Diese tiefere, langsamere Schwingungsebene, die man auch als Alpha-Ebene bezeichnet, löst aufgrund ihrer entspannenden Wirkung auf Körper und Geist einen sehr heilsamen Bewußtseinszustand aus.

Da es dem Meditierenden oft nicht gelingt, sich von der Unruhe des Alltags zu lösen, und es meistens viel zu lange dauert, bis seine Gedanken und Gefühle zur Ruhe kommen, können vor der Meditation auch einige *Asanas* des Hatha-Yoga durchgeführt werden. Bei der tantrischen Meditation wird großer Wert darauf gelegt, Konzentration nicht durch Willensanstrengung, sondern durch ein Höchstmaß an körperlicher und psychischer Gelöstheit zu erreichen. Willensanstrengung führt zu vorzeitiger Ermüdung und stellt ein Hindernis für die Meditation dar.

Nichts, was während der Meditation hochkommt, soll verdrängt oder analysiert werden. Der Meditierende soll die distanzierte Haltung eines Beobachters einnehmen. Genaue Beobachtung der Gefühle und Gedanken führt zu persönlichem Wachstum und innerer Reife. Die therapeutische Kraft einer entwickelten Selbstbeobachtung hilft nicht nur, persönliche Probleme besser zu lösen, sondern führt auch dazu, daß man Schwierigkeiten plötzlich mit anderen Augen sieht und seine wahren Bedürfnisse erkennt.

Dem buddhistischen Tantriker geht es um das Auslöschen des ich-zentrierten Bewußtseinszustands, der durch Eigenschaften wie »Begierde, Anhaften und Leidenschaft« charakterisiert ist. Die Befreiung von diesen Eigenschaften wird nicht durch zwanghafte Unterdrückung aller Wünsche erlangt, sondern durch scharfe Beobachtung und Achtsamkeit. Die Tibeter sind der Ansicht, daß man die Leidenschaften zu zerstören vermag, indem man sie wachsam beobachtet und ihre Folgen klar erkennt. Der Meditierende soll erkennen, daß die Ziele seiner Begierde, wenn sie einmal erreicht wurden, selten wieder als Erwartungen auftauchen, sondern sich vielmehr als armselige Belohnung für die verschwendete Zeit und Energie erweisen. Selbsterkenntnis und Selbstbeobachtung umfassen sowohl das Beobachten der aktivierten Leidenschaften und Gedanken, die durch unser Bewußtsein schlüpfen, als auch das sorgfältige Studium unserer Körperfunktionen, wie der Muskelbewegungen, des Pulsschlags, des Atemvorgangs und so weiter.

Der Meditierende muß stets bereit sein loszulassen, den Sprung ins Unbekannte zu wagen, um mit seinem tiefsten Innern in Kontakt zu kommen. Die Berührung mit der Tiefe erwächst aus der Aufgeschlossenheit für die augenblickliche Reaktion des Ichs auf die ständig wechselnden Eindrücke des Lebens. Der unflexible Mensch hat Angst vor Veränderungen und versucht seine Sicherheit daraus zu gewinnen, daß er sich und die Welt nur durch seine starren und festgefahrenen Vorstellungen sieht. Der Panzer aller Vorstellungen und Bilder, die wir uns vom Leben und uns selbst gemacht haben, muß jedoch gesprengt werden, damit wir uns dem Hier und Jetzt bewußt werden können. Die gesamte buddhistische Philosophie verfolgt nur ein Ziel: das menschliche Bewußtsein von der Illusion eines Ichs zu befreien. Für den Buddhisten gibt es kein andauerndes Ich, sondern nur Bewegung, ewig wechselnde Bewußtseinsabläufe, den Fluß der Dharmas. Aus dieser Sicht ist die Frage nach der Persönlichkeit eines Menschen nicht mehr so wichtig. Bedeutend ist nur, was bin ich und wie bin ich in diesem Augenblick.

Wichtig ist auch, daß der Übende die Meditation als einen Moment wirklicher Präsenz erlebt, als eine Lebendigkeit, die um ihrer selbst willen existiert und keine Rechtfertigung braucht. Solange der Übende in der Meditation etwas für sich sucht, seien es schöne Erlebnisse, Gelassenheit, Harmonie oder höhere Fähigkeiten, verfehlt er deren Sinn. Das Paradoxe besteht darin, daß sich die schönen Erlebnisse erst dann einstellen, wenn wir sie nicht mehr suchen. Auch sollten die Meditationserlebnisse keiner anderen Person mitgeteilt werden. Der Tantriker erkennt die Gefahr, die mit dem Aussprechen von Gefühlserlebnissen verbunden ist. Versucht man nämlich, diese in Worten auszudrücken, findet eine Entfremdung statt, und die volle Empfindung ist bereits durch das Wort ersetzt. Die Empfindung besteht nur bis zum Moment, wo sie sprachlich ausgedrückt wird. Sie selbst ist tot, geblieben ist nur die Erinnerung.

Die Sitzarten

Der Lotossitz

Die klassische Sitzhaltung der yogischen Meditation ist der Lotossitz *(Padmasana)*. Dem Lotos kommt in der hinduistischen und buddhistischen Tradition als Symbol der Reinheit und Erleuchtung eine besondere Bedeutung zu. Die Buddhas, die auf Lotosblüten sitzen, symbolisieren den erleuchteten Seinszustand. Wie die Lotosblüten unbefleckt und trocken bleiben, obwohl sie ihre Nahrung aus dem Schlamm beziehen, so bleibt auch der Erleuchtete von den Täuschungen der Welt unberührt.

Westlichen Menschen, die seit ihrer Kindheit gewöhnt sind, auf Stühlen zu sitzen, fällt der Lotossitz oft sehr schwer, da er sehr elastische Bein- und Hüftgelenke erfordert. Der Lotossitz, die bevorzugte Sitzhaltung für die yogische Meditation, ermöglicht eine feste Haltung und freie Atmung. Außerdem unterstützt er die psychische Wachheit und Ausgeglichenheit.

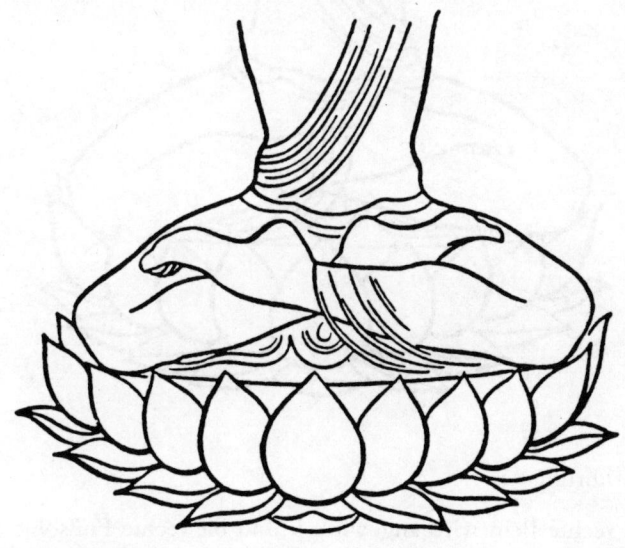

Ausführung

Beide Beine werden gebeugt und die Füße auf die Oberschenkel gelegt, wobei sich die Fußknöchel kreuzen. Die Hände liegen mit den Handrücken auf den Knien, wobei sich Daumen und Zeigefinger berühren, oder sie liegen übereinander, mit den Handflächen nach oben auf dem linken Oberschenkel.

47

Virasana (Heldenstellung)

Virasana oder auch *Siddhasana* (vollkommene Stellung) ist eine Sitzhaltung, die dem Lotos ähnlich ist. Der Übende, dem es noch nicht möglich ist, den Lotossitz mühelos einzunehmen und über längere Zeit beizubehalten, sollte diese Stellung ausführen.

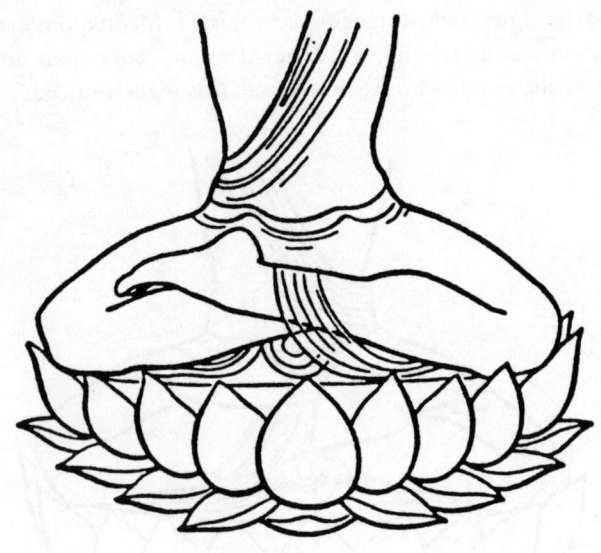

Ausführung

Das rechte Bein wird angewinkelt und die rechte Fußsohle an den linken Oberschenkel gelegt. Der linke Fuß wird auf den rechten Oberschenkel gelegt, die Ferse möglichst nah an die Leiste gezogen. Es ist wichtig, darauf zu achten, daß die Knie tiefer liegen als die Hüften. Dies läßt sich am besten durch eine hohe Sitzunterlage erreichen. Wenn die Gelenkigkeit zunimmt, kann die anfänglich hohe Sitzunterlage allmählich abgebaut werden.

Andere Sitzarten

Da es beim Meditieren nicht um Akrobatik geht, sondern darum, eine Sitzhaltung zu finden, in der der Übende möglichst lange Zeit verharren kann, ist die »leichte Stellung« *(Sukhasana)* eine geeignete Sitzhaltung für den Anfänger.

Ausführung

Das rechte Bein wird gebeugt und der rechte Fuß unter den linken Oberschenkel gelegt. Dann beugt man das linke Bein und legt den linken Fuß unter das rechte Bein. Die Stellung der Beine kann nach Belieben auch umgekehrt sein. Wenn man die Beine zunächst nicht eng anwinkeln kann, zieht man sie ohne Anstrengung so nahe wie möglich heran und versucht jeden Tag, die Stellung zu vervollkommnen. Wer anfangs so steif in

49

den Gelenken ist, daß er überhaupt nicht bequem sitzen kann, sollte ein Kissen benutzen, das fünf bis zehn Zentimeter höher ist als der Boden.

Eine andere einfache Sitzart auf dem Boden ist der Fersensitz *(Vajrasana)*.

Ausführung

Man kniet sich nieder, hält die Knie zusammen und ruht mit dem Gesäß auf den Füßen, deren Fersen nach außen zeigen. Ist das Sitzen auf den Fersen unbequem, können die Fersen auseinandergenommen werden, und man kann sich zwischen die Fersen setzen, so daß auch die Fußsohlen etwas belastet sind.

Selbstverständlich kann man sich beim Meditieren auch auf einen höheren Stuhl setzen. In diesem Fall sollte man darauf achten, sich so weit wie möglich nach vorne auf die Stuhlkante zu setzen. Wie bei den Sitzhaltungen auf dem Boden sollten auch hier die Knie tiefer liegen als die Hüften.

Die Sitzarten auf dem Boden ermöglichen allerdings eine bessere Erdverbundenheit und Verankerung im Beckenbereich. Sie geben dem Becken seine natürliche Lage, in der die Bauchmuskeln und das Zwerchfell ihre Aufgabe der Atemkontrolle am besten erfüllen können. Der obere Teil des Körpers nimmt zwanglos eine gute Stellung ein, und das richtige Atmen ist dann relativ einfach.

Es kommt darauf an, die Sitzhaltungen ebenso behutsam wie regelmäßig zu üben. Durch gewaltsames Üben kann es zu einer Überforderung der Sehnen, Bänder und Gelenke kommen.

Das richtige Atmen

Zu den Grundlagen der Meditation gehört das richtige Atmen. Das Atmen ist für die Yogis unmittelbarer Ausdruck des Lebens und so stark mit unserer leib-seelischen Persönlichkeit verbunden, daß wir in ihm niemals nur einen materiellen, körperlichen Vorgang sehen dürfen.

Die indischen Yogis sind der Ansicht, daß mit der Einatmung nicht nur Sauerstoff, sondern auch das sogenannte Prana aufgenommen wird. Unter Prana verstehen sie die Kraft, die die Lebensvorgänge in Bewegung setzt. Ohne Prana, das sich überall in Form von Sauerstoff und Elektrizität findet, könnten wir nicht leben. Mit Hilfe der Atmung kann der Yogi das Prana so beherrschen, daß er es zum größten Nutzen für seinen Organismus, der eine psychosomatische Einheit bildet, verwenden kann. Durch *Pranayama* (Atemkontrolle) absorbiert er Prana und verteilt diese Energie in seinem gesamten Körper.

Das Kommen und Gehen des Atems symbolisiert die Polarität unseres ganzen Wesens. Der Rhythmus zwischen Ein- und Ausatmen gleicht dem wechselnden Zweierrhythmus der Natur: Tag und Nacht, warm und kalt, trocken und feucht und so weiter. Durch Konzentration auf den Atem vermag der Yogi mit den Rhythmen der Natur und ihren zyklischen Bewegungen eins zu werden. Durch die Atemkontrolle kann der geübte Yogi das Pulsieren seines eigenen Lebens erfahren.

Bevor der Übende jedoch mit den Übungen, die zur bewußten Atemlenkung und Atembeherrschung führen, beginnt, sollte er zunächst zu seiner natürlichen Atmung finden. Unter natürlicher Atmung wird jene Atemweise verstanden, die aus dem natürlichen Fluß von Aus- und Einatmen besteht. Beim sogenannten »gesunden« beziehungsweise natürlichen Atem liegt der Akzent auf der Ausatmung, die doppelt so lange dauern sollte wie die Einatmung. Je gründlicher wir ausatmen, um so größer wird der Anteil an Frischluft in unserer Lunge sein. Der natürliche Atem gleicht Verspannungen aus und ist ein einfaches Mittel zur Selbstregulierung. Zu einer Fehlatmung kommt es, wenn der Atem in seiner freien Bewegung und in seinem Rhythmus behindert wird. Solche Fehlatmungen können durch unbewußte Spannungen, Ängste, Streß, negative Gefühle und so weiter bedingt sein.

Durch schlechte Haltung und mangelnde Bewegung hat sich der westliche Mensch oft eine oberflächliche, verkrampfte Atmung angewöhnt. An die Stelle der Tiefenatmung, also der Zwerchfellatmung, ist der oberflächliche Atem getreten, der durch nervöses Auf und Ab charakterisiert ist.

Die harmonische Regulierung des Atems ist zu erreichen, wenn der Meditierende ein neues Verhältnis zu seiner Leibesmitte gewinnt und seinen Schwerpunkt von Kopf und Brust hinab in seine eigentliche Mitte verlagert. Das freie Zulassen der natürlichen Atmung, durch die es zu einer wirklichen Sammlung kommt, und die Bewußtmachung des Atems bieten dem Übenden die Möglichkeit, seine Gesamtverfassung zu verbessern.

V Die tantrischen Meditationsübungen

Praktische Ratschläge

1. Wenn Sie die Meditation in Ihren Alltag einbauen wollen, ist es wichtig, daß Sie in Ihrem Tagesprogramm eine feste Zeit dafür finden.
2. Achten Sie darauf, daß Ihre Kleidung bequem ist, damit Sie sich während der Übungen nicht eingeengt fühlen und dadurch die Konzentration verlieren.
3. Sie sollten immer in einem gut durchlüfteten ruhigen Zimmer meditieren und darauf achten, daß Sie bei der Meditation nicht gestört werden.
4. Der Geruch von Räucherstäbchen und ein gedämpftes Licht können zur meditativen Stimmung beitragen.
5. Sollte Ihnen die Sitzhaltung unbequem werden, so können Sie Ihre Haltung leicht ändern. Sie können ein Bein ausstrecken oder aufstellen, ohne die Übung dadurch zu stören oder zu unterbrechen. Denken Sie daran, daß es wichtig ist, sich bei der tantrischen Meditation wohlzufühlen.
6. Bleiben Sie nach Beendigung der Meditation noch eine oder zwei Minuten lang mit geschlossenen Augen sitzen. Es ist wichtig, daß Sie sich nur langsam aus der meditativen Haltung lösen. Dies trägt dazu bei, daß die in der Meditation gewonnene Ruhe auch in Ihr tägliches Leben übergeht. Das Ende der Meditation sollte irgendwie markiert werden. Sie können beispielsweise die Hände falten und sich dabei nach vorne neigen.
7. Sollten Sie sich augenblicklich in psychotherapeutischer Behandlung befinden, ist es zu empfehlen, vor Aufnahme der Meditationsübungen Rücksprache mit dem Therapeuten zu nehmen.

8. Die Texte zu den visuellen Übungen können vom Übenden selbst vor der Meditation auf Kassette gesprochen werden. Die Stimme muß klar, sicher und bestimmt sein, da der Übende sich von ihr leiten läßt. Dabei ist es wichtig, daß die Texte langsam und ruhig vorgelesen werden, damit der Meditierende genügend Zeit hat, sich in die Bilder einzufühlen.

Pranayamaübungen

Bevor Sie als Einstieg in die Meditation mit den Pranayamaübungen beginnen, sollten Sie zunächst die Tiefenatmung durchführen, die neben der richtigen physischen und psychischen Haltung eine Voraussetzung für die wahre Meditation ist.

Ausführung

Setzen Sie sich in den Meditationssitz und legen Sie Ihre Hände auf die Knie.

Atmen Sie tief durch die Nase ein und spüren Sie, wie sich Ihr Bauch mit der Einatmung langsam wölbt.

Lassen Sie die Luft in die Lunge einströmen.

Wenn die Rippen maximal gespreizt sind, heben Sie das Schlüsselbein an, um noch mehr Luft in die Lungen strömen zu lassen.

Verspannen Sie weder Hals noch Gesicht.

Atmen Sie dann ruhig und regelmäßig aus und spüren Sie, wie der Atem vom Schlüsselbein zum Beckenraum strömt und wie sich die Bauchwand immer mehr zusammenzieht.

Wiederholen Sie diese Atmung einige Male.

Nadi Shodana

Bei dieser Übung handelt es sich um eine Wechselatmung, die zum Ziel hat, die *Nadis* (Nervenbahnen) zu reinigen. *Ida* und *Pingala* gehören zu den zwei wichtigsten subtilen Leitungen, die vom Naseneingang ausgehend entlang der Wirbelsäule verlaufen. Diese Übung bringt den Pranastrom ins Gleichgewicht und regelt ihn, indem er durch beide Nasenhöhlen strömt und das Netz der Nadis reinigt. Diese Übungen gelten aufgrund Ihres Reinigungseffekts als Grundübungen des Pranayama.

Ausführung

Setzen Sie sich in den Meditationssitz, die linke Hand liegt auf dem Knie.

Legen Sie den Mittel- und Zeigefinger der rechten Hand zwischen die Augenbrauen. Der Daumen liegt am rechten Nasenloch.

Schließen Sie das rechte Nasenloch mit dem Daumen.

Atmen Sie durch das linke Nasenloch ein und nach einer Atempause auch wieder durch dieses Nasenloch aus. Dies geschieht rhythmisch und ohne Ton fünfmal hintereinander.

Halten Sie jetzt mit dem Ringfinger das linke Nasenloch zu und atmen Sie durch das rechte Nasenloch ein (fünfmal).

Variationen

Schließen Sie mit dem rechten Daumen das rechte Nasenloch und atmen Sie durch das linke Nasenloch ein.

Atmen Sie dann durch das rechte Nasenloch aus.

Führen Sie diese Übung Ihrem Rhythmus entsprechend zehnmal hintereinander aus.

Schließen Sie mit dem Daumen das rechte Nasenloch und atmen Sie durch das linke Nasenloch ein.

Halten Sie dann beide Nasenlöcher zu, und halten Sie den Atem fünf Sekunden oder länger an *(Antar Kumbhaka)*.

Atmen Sie dann durch das rechte Nasenloch aus und auch wieder ein.

Schließen Sie dann die beiden Nasenlöcher und halten Sie den Atem wieder an *(Antar Kumbhaka)*.

Atmen Sie dann durch das linke Nasenloch aus.

Der Atem kann auch nach dem Ausatmen angehalten werden.

Bhastrika

Bhastrika wird auch als Blasebalgatmung bezeichnet, weil bei dem kräftigen Ein- und Ausströmen des Atems ein Geräusch ähnlich dem eines Blasebalgs entsteht. Diese Atemübung erweitert das Lungenfassungsvermögen und reinigt das ganze Atmungssystem. Bhastrika gehört zu einer der wirkungsvollsten Übungen des Pranayama, die jedoch mit äußerster Vorsicht praktiziert werden sollte. Sie sollte immer ohne Zwang und Anstrengung geübt werden.

Ausführung

Setzen Sie sich in den Meditationssitz und legen Sie beide Hände auf die Knie.

Atmen Sie tief durch beide Nasenlöcher ein und atmen Sie dann ruckartig wie ein Blasebalg aus, indem Sie das Zwerchfell zusammenziehen.

Zu Beginn der Übung sollten vierzig Ausstoßungen nicht überschritten werden.

Variation

Setzen Sie den Daumen der rechten Hand ans rechte und den Ringfinger und kleinen Finger ans linke Nasenloch.

Atmen Sie tief ein und halten Sie dann mit Ihren Fingern beide Nasenlöcher zu.

Lassen Sie den Daumen los und atmen Sie durch das rechte Nasenloch ruckartig wie ein Blasebalg aus, indem Sie das Zwerchfell wieder so oft ruckartig zusammenziehen, bis die ganze Luft ausgestoßen ist.

Atmen Sie dann durch das rechte Nasenloch ein. Schließen Sie es mit dem Daumen und stoßen Sie durch das linke Nasenloch die Luft kräftig aus, während das rechte geschlossen bleibt.

Ha-Atmung

Diese Atemübung bewährt sich bei Müdigkeit, Sauerstoffmangel, zur Anregung von Kreislauf und Stoffwechsel und vor allem bei psychischen Belastungen. Die psychischen Wirkungen dieser Übung liegen in der Befreiung von negativen Gefühlen, Spannungen, Ängsten und so weiter. Der Schwerpunkt dieser Übung liegt in einer verstärkten Ausatmung, mit der alle psychischen Belastungen und Hemmungen abgegeben werden sollen.

Ausführung

Spreizen Sie Ihre Beine ein wenig und atmen Sie tief ein. Während der Einatmung heben Sie die Arme seitlich schräg nach oben über den Kopf (von hinten hoch).

Beugen Sie sich dann nach vorn und lassen Sie die Arme hängen. Atmen Sie gleichzeitig tief durch den Mund aus und stoßen Sie den Laut *Ha* aus.

Atmen Sie dann langsam wieder ein und richten Sie sich wieder auf.

Wiederholen Sie die Übung einige Male.

Sarva Dvara Baddha

Diese Atemübung führt zu einer mentalen Verinnerlichung, die die unerwünschte Tätigkeit des Geistes zur Ruhe kommen läßt. Sie bereitet in ausgezeichneter Weise auf die Meditation vor.

Ausführung

Atmen Sie durch beide Nasenlöcher ein.

Halten Sie dann die Luft an, indem Sie mit den Daumen die Ohren, mit den Zeigefingern die Augen, mit den Mittelfingern die Nasenlöcher und mit den Ringfingern und den kleinen Fingern die Lippen schließen.

Halten Sie den Atem so lange an, bis es Ihnen unangenehm wird.

Nehmen Sie die Finger dann von den Nasenlöchern und atmen Sie tief aus.

Führen Sie diese Übung einige Male hintereinander aus.

Ujjayi

Ujjayi ist eine Übung im langsamen, tiefen Atmen. Die durch die Lungen strömende Luft wird durch das Schließen der Glottis unter Kontrolle gehalten. Der Atem, der durch eine teilweise geschlossene Glottis ein- und ausströmt, verursacht ein Geräusch, das wie ein Stöhnen klingt.

Ausführung

Setzen Sie sich in den Meditationssitz und legen Sie die Handrücken auf die Knie. Daumen und Zeigefinger berühren sich.

Atmen Sie langsam mit dem Thorax ein. Während Sie einatmen, sprechen Sie in Gedanken die Silbe *Hang*.

Wenn die Lungen vollständig gefüllt sind, halten Sie den Atem an, indem Sie die Glottis schließen und den Kopf ein wenig senken.

Atmen Sie dann aus und sprechen Sie in Gedanken die Silbe *Sa*. Öffnen Sie die Glottis, heben Sie den Kopf und ziehen Sie die Bauchwand stark an.

Warten Sie eine Sekunde, bis Sie mit einer neuen Atmung beginnen.

Kapalabhati

Kapalabhati, eine traditionelle Pranayamaübung, die als »Reinigung des Gehirns« bezeichnet wird, ist eine reine diaphragmatische Atemübung. Sie leert die Lungen völlig von der sich dort stauenden und verbrauchten Luft, sorgt für eine gute Sauerstoffversorgung und bewirkt ein intensives Fließen des Prana im ganzen Körper. Darüber hinaus wird das Gehirn gut durchblutet und belebt, das vegetative Nervensystem gestärkt und die Konzentrationsfähigkeit gefördert.

Ausführung

Setzen Sie sich in den Meditationssitz und halten Sie die Wirbelsäule und den Kopf aufrecht. Der Brustkorb ist ein wenig gewölbt.

Richten Sie Ihre Konzentration auf den Bauch und atmen Sie tief durch die Nase ein.

Stoßen Sie unmittelbar nach dieser Einatmung die Luft durch die Nase aus, indem Sie den Unterleib mit einem Ruck einziehen.

Atmen Sie dann wieder tief ein und stoßen Sie durch plötzliches, kräftiges Anspannen der Bauchmuskulatur die Luft wieder blasebalgartig aus den Nasenlöchern aus.

Der Anfänger sollte zunächst auf diese Weise zehn Mal aus- und einatmen. Es ist darauf zu achten, daß die Einatmung vier Mal so lange wie die kräftige Ausatmung dauert. Jede Woche können weitere zehn Atmungen hinzugefügt werden, bis man zu 120 aufeinanderfolgenden Bewegungen kommt.

Surya Bheda

Ziel dieser Atmung ist es, den Körper zu erwärmen. Diese Übung ist insbesondere wegen der langen Atemverhaltung den fortgeschrittenen Schülern vorbehalten. Mit kurzer Atemverhaltung ist sie jedoch auch für den Anfänger möglich. Bei dieser Übung wird stets durch das rechte Nasenloch eingeatmet, das mit Pingala, der Sonnenenergie, verbunden ist.

Ausführung

Sie sitzen im Meditationssitz; die linke Hand auf dem Knie.

Setzen Sie den Mittel- und Zeigefinger der rechten Hand zwischen die beiden Augenbrauen. Der Daumen liegt am rechten Nasenloch, der Ringfinger am linken. Lassen Sie diese beiden Finger stets in Kontakt mit den Nasenlöchern, auch wenn sie nicht gebraucht werden.

Schließen Sie nun das linke Nasenloch mit dem Ringfinger und atmen Sie durch das rechte Nasenloch ein.

Am Ende der Einatmung halten Sie beide Nasenlöcher zu und schließen die Glottis *(Jalandhara Bandha)*.

Wird die Verhaltung unangenehm, so atmen Sie durch das linke Nasenloch aus.

Beginnen Sie wieder mit einer weiteren Einatmung durch das rechte Nasenloch.

Sie können diese Atemübung zehnmal hintereinander machen.

Chandrana

Diese Atmemübung, die den Körper erfrischen soll, wird genauso durchgeführt wie Surya Bheda. Statt durch das rechte Nasenloch wird jedoch durch das linke eingeatmet, das die negative Energie des Mondes repräsentiert.

Yoga Mudra, das Siegel des Yoga

Yoga Mudra ist eine Körperstellung, die das Symbol des Yoga, das Symbol der Vereinigung verkörpert. Gemäß den *Shiva Agamas* (Lehre Shivas) symbolisiert diese Körperhaltung die Verschmelzung von Shiva, der positiven Kraft, und Shakti, der negativen Kraft.

Yoga Mudra soll die Kundalini, die geheimnisvolle potentielle Kraft, die im untersten Teil der Wirbelsäule liegt, wecken. Der tantrische Weg der Verwirklichung durch Yoga besteht in der Aktivierung der Kundalinienergie als Symbol der Shakti und ihrer Hinführung durch die Chakras zu Shiva, der im tausendblättrigen Lotus thront. (Erklärung der Chakras siehe Seite 84.) Beim Aufstieg der Schlangenkraft wird jedes einzelne Chakra gereinigt und durch die Hitze der Kundalini aktiviert. Die aufgerollte Kundalini, die als Schlange dargestellt wird, entrollt sich und steigt hinauf zu Shiva, der das unendliche Reich des Wissens symbolisiert. Die Erhebung der Kundalini-Shakti bewirkt eine Dynamisierung der psychischen Kräfte und eine Verwandlung der erdgebundenen Kräfte und Triebe in spirituelle Energien.

Diese Haltung, die tiefste Verehrung, sei es an Gott, die Erde, die Sonne, die Natur, das Leben, an einen Meister oder an die Tiefen unserer Seele symbolisiert, bereitet die Meditation in ausgezeichneter Weise vor. In vielen Meditationsrichtungen wird sie deshalb vor jeder Meditation ausgeführt.

Yoga Mudra hat auch eine ausgesprochen positive Wirkung auf den Körper. Sie bewirkt eine verstärkte Durchblutung des Kopfes, wodurch sich Müdigkeit beheben läßt und die Konzentrationsfähigkeit gesteigert werden kann. Außerdem hat sie eine anregende Wirkung auf den Unterleib. Durch das Vorbeugen senkt sich das Zwerchfell und drängt die Eingeweide nach unten, was zu einer allgemeinen Stimulation aller im Bauch lebenswichtigen Funktionen führt. Die Krümmung des Rükkens bewirkt, daß die ganze Wirbelsäule geschmeidig wird.

Ausführung

Die klassische Durchführung von Yoga Mudra erfolgt im Lotossitz. Sie können Ihre Hände zu *Jnana Mudra,* der Geste des Wissens, bei der sich die Spitze des Zeigefingers und die Spitze des Daumens berühren, zu *Shiva Mudra,* bei der die Hände hinter dem Rücken gefaltet sind, oder zu *Yoni Mudra* formen, bei der die Arme hinter dem Rücken gestreckt sind und die beiden Hände sich umfassen. Mit dem Ausatmen wird der Oberkörper gesenkt und die Stirn auf den Boden gelegt, wobei das Kinn so weit wie möglich vorgestreckt wird. Mit dem nächsten Einatmen wird der Oberkörper langsam wieder aufgerichtet. Man kann in dieser Stellung natürlich auch einige Minuten lang unbeweglich verharren und tief und regelmäßig atmen.

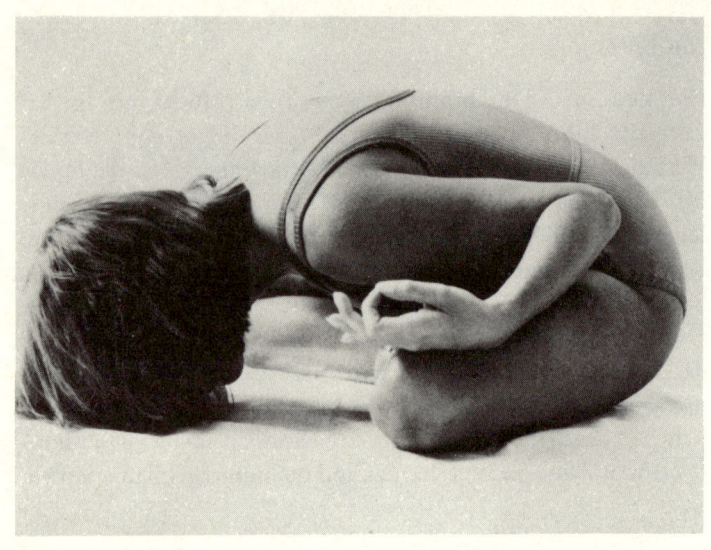

Jnana Mudra

Jnana Mudra

63

Shiva Mudra

Yoni Mudra

64

Amitabhameditation

Die auf den folgenden Seiten besprochene Meditationsübung basiert auf dem Traktat der Amitabhameditation. Dieser Text, der aus dem Jahre 424 nach Christus stammt, beschreibt das himmlische Königreich des Buddha Amitabha, der als einer der ersten Buddhagestalten des Mahayana Gegenstand der Verehrung *(Bhakti)* wurde. Amitabha, der Buddha des »unbegrenzten Lichts«, der auch Amitayus genannt wird, weil seine Lebensdauer *(Ayuh)* unbegrenzt *(amita)* ist, herrscht über das im Westen liegende Paradies, *Sukhavatu*. Seine Körperfarbe ist rot, wie die im Westen untergehende Sonne. Die Texte sagen, daß er sich den Rang als transzendenter Buddha karmisch erarbeitet habe. In einer lange zurückliegenden Inkarnation soll er den Entschluß gefaßt haben, ein Buddha zu werden und ein Buddhaland, ein mystisches Universum aufzubauen. Als ihm die Erleuchtung zuteil wurde, verwandelte sich seine ganze Umgebung in ein »reines Land«, und sein Körper sandte Lichtstrahlen aus, die das ganze Universum erleuchteten. Das Reich veränderte sich mit ihm und wurde zu einem Ort des Friedens.

Der Beschreibung des von Amitabha verwalteten Paradieses sind in der Sanskritliteratur viele Seiten gewidmet. Dieses himmlische Königreich wird oft mit vielen, der Sinnenwelt entnommenen Bildern ausgeschmückt. Es ist leuchtend hell und hat weder Steine noch Kies, weder Löcher noch steile Abhänge. Es ist eben und von einer ruhevollen Schönheit, geschmückt mit Bäumen voller Edelsteine, von Wohlgerüchen und lieblichen Klängen durchweht, reich an Blumen und Früchten und durchzogen von ruhig dahinfließenden, klaren Flüssen.

Derjenige, der sein Denken auf Amitabha richtet und gläubigen Herzens ist, wird von ihm, der in seinem Paradies günstige äußere Bedingungen für die Erlösung schafft, aufgenommen.

Der Kult des Amitabha, der um 150 nach Christus im Nordwesten Indiens entstanden ist, hat in Indien selbst nie eine so überragende Rolle gespielt wie in Ostasien. Bereits im Jahr seiner Entstehung brachten indische Missionare den Kult nach China, und um 350 gründete Hui-yuan die Schule des Reinen Landes, die auf der Grundlage des *Sukhavati-Sutra* einen einfachen Weg zur Erlösung lehrte. In China finden sich viele Darstellungen von Amitabhas Paradies, das die chinesische Phantasie sehr anregte. In Japan breiteten sich die Ideen des Amidismus nach 950 sehr stark aus. In Amida, dem barmherzigen, gütigen Buddha fanden die Menschen Japans einen liebenden und himmlischen Tröster. Shiran Shonin, der im Jahre 1224 die Shin-Schule gründete, war der Ansicht, der beste Weg für einen Menschen, im reinen Land des Amida wiedergeboren zu werden, sei die ständige fromme Wiederholung der Worte »Namu Amida Batsu« (Ehre sei dem Amida Buddha).

Das Traktat der Amitabha-Meditation *(Amitayur-dhyana-Sutra)*, das besonders in Japan zu den hochgeschätzten Sutras gehört, gibt einen tiefen Einblick in die psychischen Vorgänge des tantrischen Yoga. Der Text beginnt mit einer Rahmenerzählung, in der ein Kronprinz seinen Eltern nach deren Leben trachtet. In ihrer Not ruft die Mutter des Prinzen Buddha an, er möge ihr seine beiden Lieblingsjünger zu Hilfe schicken. Buddha erfüllt ihren Wunsch und erscheint selbst mit seinen zwei Jüngern. Er zeigt ihr in einer Vision alle zehn Welten, in der sie wiedergeboren zu werden vermag. Nachdem sie das westliche Paradies des Amitabha gewählt hat, unterrichtet Buddha sie nach verschiedenen moralischen Vorschriften in der Meditationspraxis, die sie zur Wiedergeburt im Reich des Amitabha befähigen soll.

Die Übung beginnt mit der Konzentration auf die untergehende Sonne, die als Allegorie des Unsterblichkeit spendenden Amitabha gilt. Nachdem der Meditierende die Sonne eine Zeitlang visualisiert hat, erschafft er durch aktive Imagination das Bild einer spiegelnden Wasserfläche. Dann stellt er sich vor, daß sich das Wasser in leuchtendes blaues Eis verwandelt. Das Eis wiederum wird zu einem Boden, der leuchtend und durchsichtig ist.

Der Meditierende vermag nun in die Tiefe der seelischen Geheimnisse einzudringen. Er sieht, was er vorher nicht sehen konnte, also was unbewußt war. Aus der Tiefe leuchtet eine goldene Fahne, die in acht Richtungen weht. Diese Fahne symbolisiert die Ankunft im Amitabha-Land. Jetzt visualisiert der Meditierende das Wasser des Amitabha-Landes, ein Symbol für die erlösende Weisheit. Die Quelle dieses Wassers ist *Chintamani,* die Wunschperle, ein Symbol der »schwer erreichbaren Kostbarkeit«.

Nun folgt die imaginative Rekonstruktion des Buddha Amitabha. Er sitzt auf dem Kelch eines Lotos, der auf der Wasserfläche ruht. Das Sitzen auf der Lotosblüte soll andeuten, daß er einen reinen und erleuchteten Seinszustand erlangt hat, der durch nichts mehr beschmutzt werden kann. Dem Lotos kommt in der buddhistischen Tradition als Symbol der Reinheit und Erleuchtung eine besondere Bedeutung zu. Obwohl die Blüten auf der Wasseroberfläche liegen und ihre Nahrung aus dem Schlamm des Teichgrundes beziehen, bleiben sie unbefleckt und trocken, von ihrer Umgebung unberührt. Die Lotosblume weist darauf hin, daß das reine Land wie ein Lotossamen in den Tiefen des menschlichen Geistes, unter dem trüben Wasser und dem Schlamm der Schwächen und Täuschungen vergraben ist. Durch Meditation und rechte Lebensführung kann es jedoch aus der Dunkelheit der Tiefen des Bewußtseins auftauchen, um sich wie eine Blüte zu öffnen und die erleuchtete Bewußtheit zu enthüllen. Das reine Land wird sichtbar, nachdem sich die tieferen Geistesschichten wie Blütenblätter entfaltet haben. Der fortgeschrittene Yogi erkennt, daß seine Welt und das Buddha-Land letzten Endes ein und dasselbe sind. Da Buddha allgegenwärtig ist, sind alle Welten im Grunde ideal, wenn man sie nur als solche erkennt. Dem normalen Bewußtsein erscheint unsere Welt als unrein, erfüllt von vielen Sorgen und Schmerzen. Derjenige, der sein Bewußtsein geläutert hat, sieht jedoch, daß die Unreinheiten einzig und allein im eigenen Geist bestehen. In Wahrheit ist unser Land immer rein, und die

Buddhanatur, die sich in jedem Teil des Universums befindet, ist auch in dem Herzen eines jeden von uns gegenwärtig.

Durch die Methode der aktiven Meditation identifiziert sich der Tantriker mit Amitabha und wird selbst zur »Gottheit«. Er erkennt, daß Amitabha nichts anderes ist als seine in der Meditation tätige Psyche. Buddha Amitabha offenbart sich als das eigentliche Selbst des Meditierenden. Der Anbetende und der Angebetete sind nun nicht mehr voneinander verschieden. Durch die Aufhebung der Dualität erkennt der Tantriker auch, daß es keinen Unterschied zwischen *Nirvana* (Befreiung) und *Samsara* (Weltendasein) gibt. Die Erlösung ist nicht nur in einer transzendenten Welt, sondern schon inmitten der Welt des Leidens *(Samsara)* möglich.

> »Denjenigen, die Augen haben zu sehen, will ich die Schönheit der Buddhaschaft offenbaren. Und denen, die wachen Geistes sind, will ich die tiefe Wahrheit des Dharma enthüllen.«
>
> Amitabha[18]

Die Übung

Setzen Sie sich so gerade und locker wie möglich in den Meditationssitz auf den Boden. Die Hände liegen locker auf den Knien, und die Augen sind geschlossen. Ihr Becken ist so gerade und entspannt, daß der Atem frei fließen kann.

Ihr Rücken ist ganz aufrecht. Lassen Sie alle Verspannungen los. Entspannen Sie Ihren ganzen Körper. Entspannen Sie Ihre Kopfhaut und das Gesicht. Ihre Stirn ist frei von Anspannungen. Erspüren Sie die Augen und den Bereich um die Augen. Ihre Augenlider sind so entspannt, als ob Sie schliefen. Ihre Wangen sind sehr locker, der Mund ist locker, und die Zunge liegt entspannt in der Schale des Unterkiefers.

Erspüren Sie Ihr Gesicht noch einmal als Ganzes. Prüfen Sie, ob wirklich alle Spannungen gewichen sind und Ihr Gesicht völlig entspannt und gelöst ist. Auch Ihr Hals ist völlig entspannt. Ihr Brustkorb ist entspannt und gibt der Atembewegung elastisch nach. Ihr Nacken, die Schultern und der Rücken sind ganz locker. Empfinden Sie den Rücken von unten nach oben. Wenn Sie sich noch eventueller Spannungen in den Schultern bewußt werden, verwenden Sie den Lösungsvorgang des Ausatmens, um diese Spannungen abzugeben. Mit jeder Ausatmung lassen Sie die Verspannungen los. Beeinflussen Sie das Atemgeschehen in keiner Weise. Lassen Sie die Einatmung frei zu und erwarten Sie den Moment der Ausatmung. Wenn Sie ausatmen, entsteht eine Abwärtsbewegung von den Schultern zum Beckenraum. Spüren Sie, wie Sie mit jeder Abwärtsbewegung mehr und mehr vom Boden getragen werden. *Pause.*

Ihr Schulterbereich wird immer freier, alle Verspannungen in der Schultermuskulatur lockern sich, und Sie sind ganz fest in Ihrem Becken verankert. Sie sind völlig bewegungslos, so bewegungslos wie eine Statue. Erleben Sie sich in dieser aufrechten und entspannten Haltung. Sie sind völlig gelöst, entspannt und ruhig. Versuchen Sie, die Ruhe, die Sie umgibt, körperlich wahrzunehmen. Fühlen Sie die Ruhe in Ihren Füßen und Beinen. Werden Sie sich der Ruhe im Beckenbereich, im Rücken und in den Schultermuskeln bewußt. Auch im Nacken ist Ruhe entstanden. Sie haben kein Bedürfnis nach Bewegung. Ihr Kopf ist ruhig, die Stirn, die Augen und der Raum dahinter. Werden Sie sich der Ruhe in Ihrem Hals und in Ihrem Brustkorb bewußt. Ihre Atmung wird immer ruhiger. Fühlen Sie die Ruhe in Ihrer Leibesmitte. Alle Muskeln und Nerven sind ruhig geworden.

Beobachten Sie jetzt, was sich in Ihrem Erlebnisraum abspielt. Vermeiden Sie jede Wertung. Schauen Sie einfach zu, ohne einzugreifen oder zu werten. Nehmen Sie alles hellwach wahr. Vermeiden Sie jedoch, auftauchende Gedanken weiterzuführen, einzuordnen oder zu assoziieren. Schauen Sie sich alles an wie einen Film, der an Ihnen vorüberzieht, aber identifizieren Sie sich nicht damit. *Pause.*

Versuchen Sie jetzt, jeden Gedanken, der Ihnen bewußt wird, mit der Ausatmung loszulassen. Mit jeder Ausatmung lassen Sie alle Gefühle, Bilder oder Erinnerungen los. *Pause.*

Sie sind ganz ruhig, entspannt und bewegungslos, wie eine Statue. Fühlen Sie, wie die Ruhe Ihren gesamten Körper durchströmt. Denken Sie nur an Ruhe. Je länger Sie diesen Zustand der Ruhe aufrechterhalten können, um so tiefer wird die Ruhe, und die Konzentration geht in Meditation über.

Sie sind ganz ruhig, ganz ruhig. Sagen Sie sich im Geiste: »Ich bin Ruhe, ich bin Ruhe, ich bin Ruhe.« Ihr Atem ist ganz ruhig und regelmäßig. Hören Sie auf das Geräusch Ihrer Atmung: So-Ham. *Pause.*

Visualisieren Sie jetzt einen großen blauen See, der von smaragdgrünem Weideland und goldenen Hügeln umgeben ist. An der Ostseite des Sees finden Sie den Juwelensand, der aus Türkisen, Korallen, Kristallen, Gold und Silber besteht. Am Westufer befindet sich der goldene Sand, der von orangegelber Farbe ist. Sie sitzen in aufrechter Meditationshaltung, völlig bewegungslos wie eine Statue im orangegelben Sand. Langsam senkt sich die Sonne dem See entgegen.

Ihr Blick ist allein auf die untergehende Sonne gerichtet. Visualisieren Sie für einen Moment die untergehende Sonne. *Pause.*

Lassen Sie nun das Bild der untergehenden Sonne fallen und visualisieren Sie das klare und reine Wasser des Sees. *Pause.*

Langsam verwandelt sich das Wasser in leuchtendes und durchsichtiges Eis. Das Eis leuchtet wie Lapislazuli, tief blau. Sie sehen durch diese blaue, durchsichtige, gläserne Eisschicht hindurch und sehen ganz unten auf dem Boden eine Fahne leuchten. Die Fahne weht in acht Richtungen. Jede Seite der acht Richtungen besteht aus hundert Juwelen und jedes Juwel aus tausend Strahlen. Die Fahne leuchtet wie tausend Millionen Sonnen. Visualisieren Sie das Leuchten der Fahne. *Pause.*

Visualisieren Sie jetzt wieder das Wasser, das klare reine Wasser. Sehen Sie, wie sich das Wasser in acht Seen teilt. Das Wasser in jedem See besteht aus sieben Juwelen, die weich und nachgiebig sind. Die Quelle dieser Seen ist der König der Juwelen, die Perle Chintamani, die alle Wünsche gewährt. Der Wunschperle entfließen goldfarbene Strahlen von äußerster Schönheit. Meditieren Sie für einen Augenblick über diese Wunschperle. *Pause.*

Visualisieren Sie jetzt in der Mitte der acht Seen eine Lotosblüte, die wie eine Fontäne aus dem Wasser wächst. Alle Blütenblätter sind vollkommen rund und gleich groß. Ganz langsam öffnet sich die Blume, und Sie sehen auf dem geöffneten Kelch des Lotos einen Buddha in tiefer Meditation. Richten Sie Ihre ganze Aufmerksamkeit auf diesen Buddha. *Pause.*

Visualisieren Sie das goldene Licht, das von seinem Körper ausgeht. Sein gesamter Körper ist von strahlendem Licht umhüllt. Von seinem Körper gehen Lichtstrahlen aus, die sich auf Ihrem Körper sammeln. Spüren Sie, wie die Strahlen jetzt auch Ihren Körper umgeben. *Pause.*

Fühlen Sie, wie die Lichtenergie ihre Strahlen aussendet und sich immer mehr ausbreitet und wächst, wie sie mehr und mehr aus Ihnen herausleuchtet. Das Licht ist sehr hell. Es dringt durch alle Poren. Ein Gefühl der Wärme durchzieht Ihren Körper. Sie fühlen Wohlbehagen und Glück.

Betrachten Sie jetzt Ihr Gesicht, das so ruhig und ausgeglichen wie das des Buddha ist. Ihre Gesichtszüge sind völlig entspannt. Sie haben ein leichtes Lächeln auf den Lippen, das gleiche heitere Lächeln wie der Buddha.

Betrachten Sie Ihr Gesicht, die Stirn, die Augenbrauen, die Augen, die Nase, die Wangen, die Lippen und das Kinn. Sehen Sie jede Einzelheit vor sich. Lassen Sie Ihr Gesicht ungeschminkt, ohne Maske vor Ihren Augen auftauchen. Betrachten Sie Ihr wahres Gesicht so klar wie möglich. *Pause.*

Nehmen Sie langsam Kontakt mit der Außenwelt auf. Werden Sie sich Ihres Körpers und Ihrer Atmung bewußt. Atmen Sie dreimal hintereinander tief ein und rezitieren Sie beim Ausatmen das Mantra Om.

Die Meditation ist beendet.

»Erhabener, der du in meinem Herzen lebst:
Erwecke mich zur Größe deines Wirkens,
Zu deiner Gegenwart gewaltigem Erleben.
Erlöse mich vom Banne des Begehrens,
Von kleinen Zielen Knechtschaft.

Erleuchte mich mit deiner Weisheit Licht!
Durchdringe mich mit deiner Liebe Glut,
Die auch das Dunkel einschließt und umfaßt,
Wie das Licht den dunklen Kern der Flamme,
Wie der Mutter Liebe das neue Leben
Im Dunkel ihres Schoßes,
Wie der Erde Leib des Samens zarter Keim.

Laß mich deines lebendigen Lichtes Same sein!
Gib mir die Kraft, der Selbstheit Hülle zu sprengen,
Um, gleich dem Samenkorn,
zu größerem Leben zu erwachen:
Zum allumfassenden Leben deiner Liebe,
Zu allumfassenden Liebe deiner Weisheit.«[19]

Shambhalameditation

Das geheimnisvolle Königreich

Diese Visualisationsübung führt den Meditierenden in das verborgene Königreich von Shambhala. In diesem geheimnisvollen Königreich soll nach Auffassung alter tantrischer Texte eine Dynastie erleuchteter Könige die geheimen Lehren des Buddhismus bewahren. Die Könige von Shambhala sind Manifestationen bekannter Bodhisattvas, die sich aus Mitgefühl dazu entschieden haben, andere Wesen zur Erleuchtung zu führen.

Die Tibeter, die Shambhala mit »Quelle des Glücks« übersetzen, halten dieses verborgene Königreich für ein reines Land, eine Art Paradies für jene, die sich auf dem geistigen Weg befinden. Nach den Texten bietet dieses Königreich alle Voraussetzungen für das Erreichen der Erleuchtung. Wer Shambhala erreicht, kann nach Ansicht der Lamas nie wieder in eine niedere Existenzform zurückfallen und wird noch in diesem Leben ins Nirvana eingehen.

Die ersten Hinweise auf Shambhala sind in den heiligen Büchern des tibetischen Buddhismus zu finden. Über die geheimsten Aspekte Shambhalas ist jedoch nie etwas schriftlich zu Papier gebracht worden. Sie wurden mündlich vom Lehrer an den Schüler weitergegeben, da nach Ansicht der Lamas selbst die Texte, die in einer dunklen und symbolischen Sprache geschrieben sind, ohne mündliche Belehrungen nicht verstanden werden können.

Nach den Beschreibungen der Texte ist Shambhala von einem Ring von Schneebergen umschlossen, in dessen Inneren ein anderer Ring von noch höheren Schneebergen das Zentrum des Königreichs umgibt. Das Gebiet zwischen den beiden Gebirgsringen ist durch Flüsse und kleine Gebirgsketten in acht Regionen geteilt. Im Innern des letzten Gebirgsringes, im Zentrum des Königreichs liegt Kapala, die Hauptstadt Shambhalas.

Um den genauen Ort dieses von Schneebergen umschlossenen geheimnisvollen Shambhala gibt es sehr viele Rätsel und Mutmaßungen. Die einen siedeln es in Nordtibet, die anderen am Nordpol an.

Der Hauptstreitpunkt ist jedoch die Frage, ob das Königreich für das gewöhnliche Auge überhaupt sichtbar ist. Nach Anschauung vieler Lamas bleibt Shambhala den meisten Menschen verborgen, da sie nicht über das »Weisheitsauge« verfügen, um das Königreich zu erkennen. Falls es einem gewöhnlichen Menschen, der nicht das höher entwickelte Bewußtsein eines Yogi besitzt, glücken sollte, in dieses Königreich zu gelangen, wird er vielleicht einen Ort des Friedens und Reichtums vorfinden, mit blühenden Blumen, Wiesen, Wäldern, goldenen Pagoden und friedlichen, schönen Menschen. Das besondere Wesen von Shambhala wird er jedoch nicht wahrnehmen, und deswegen wird der Ort keine große Wirkung auf ihn haben. Wer Meditationserfahrung besitzt und einen gewissen Grad von Bewußtheit entwickelt hat, wird eine andere, »unsichtbare« Schicht wahrnehmen, die gewöhnlichen Menschen unzugänglich bleibt.

In dem unglaublichen Reichtum von Shambhala erkennt der fortgeschrittene Yogi die unvorstellbaren Schätze des Geistigen, die in den tieferen Geistesschichten verborgen sind.

Die Reise

»Kommst du an einen Ort, wo Buddha nicht ist, dann gehe weiter. Gerätst du aber an einen Ort, wo du Buddha endlich findest, dann laufe weiter.«[20]

Das Herz des Königreichs liegt in der Reise selbst verborgen. Der Weg symbolisiert die ständige Verwandlung des Suchenden. Aus tantrischer Sicht ist die Idee des Ankommens Ausdruck eines Grundirrtums. Die Vorstellung, daß es so etwas wie ein vom Menschen erreichbares objektiv Seiendes gibt, ist für den Tantriker, der im Stehenbleiben die größte Gefahr sieht, eine Illusion. Glaubt der Pilger, das Königreich für immer gefunden zu haben, geht es ihm wie dem Jäger von Pölpo, einer abgelegenen Gegend in Westnepal. Die Legende berichtet, daß dieser Jäger eines Tages hinter dem Eingang eines Felsens ein wunderbares Tal mit herrlichen Dörfern, Reisfeldern und Klöstern fand. Die Menschen dieses Tals waren friedvoll und glücklich. Der Jäger wollte so schnell wie möglich nach Hause zurückeilen, um seiner Familie das paradiesische Tal zu zeigen. Trotz aller Warnungen der Bewohner, daß er den Eingang niemals wiederfinden könne, bestand er auf seiner Rückkehr. Im Vertrauen darauf, ihn zu finden, markierte er den Eingang in die Felswand mit seinen Schuhen und seinem Gewehr. Als er jedoch mit seiner Familie zurückkam, sah er an der Stelle, wo der Eingang gewesen war, eine glatte Felswand. Der friedliche Seinszustand, dessen der Jäger für einen Moment teilhaftig geworden war, verschwand in dem Augenblick, als er ihn festhalten wollte – wie das verborgene Tal hinter der Felswand.

Der Tantrismus lehrt, daß man an bestimmten Erfahrungen nicht hängenbleiben darf. Es ist falsch zu erwarten, daß irgend etwas, sei es unser Bewußtseinszustand, unser Körper, die Welt oder unsere Beziehungen, von einem Augenblick zum nächsten noch genau dasselbe ist. In unserem verzweifelten Kampf ums Glück versuchen wir immer wieder, dieselbe Kombination von Umständen herbeizuführen, unter denen wir irgendwann einmal ein lebhaftes Glücksgefühl erfuhren. Halten wir jedoch starrsinnig an einer illusionären Vorstellung fest, so verlieren wir den Kontakt zu der Wirklichkeit des gegebenen Augenblicks und sind nicht in der Lage, den dauernden Wandel wahrzunehmen. Wachstum bedeutet, stets das Bild zu verändern, das wir von unserem Selbst haben, um dadurch bewußter mit der gegenwärtigen Realität in Kontakt zu kommen. Für den Tantriker ist der Mensch ein sich ständig erweiternder Kreis von Sinngebung, der stets neue Verbindungen zu neuen Aspekten des Lebens knüpft.

Während gewöhnliche Menschen die physische Reise unternehmen und ihren Körper nach Shambhala tragen müssen, kann nach Ansicht der Tibeter ein Yogi, der durch seine spirituelle Praxis einen hohen Grad an Verwirklichung erreicht hat, den Weg der Meditation nach Shambhala nehmen. Viele Tibeter glauben fest daran, daß sich gewisse Lamas auch heute noch auf den Weg nach Shambhala machen, wenn sie sich in ihre Höhle zurückziehen. Indem der meditierende Lama das Königreich in seiner ganzen Pracht zu visualisieren vermag, wird Shambhala für ihn Wirklichkeit. Durch die Kraft der aktiven Imagination gelingt es ihm, sich selbst im Königreich von Shambhala zu erfahren. Er sieht das tiefere Wesen der Dinge und verliert die oberflächlichen Erscheinungen aus den Augen. Durch die Visualisation von Shambhala läutert er seine Wahrnehmung und erfährt die Welt schließlich aus dem innersten Geist heraus. Die Harmonie und der Friede, die die Bürger Shambhalas miteinander verbinden, erfassen auch die Beziehungen und Begegnungen seines Lebens. Wie die Bewohner Shambhalas hat er einen Zustand innerer Ruhe und Ausgeglichenheit erlangt. Da er sich der tieferen Geistesschichten bewußt geworden ist, hat er gelernt, Unangenehmes zu ertragen. Widersprüchlichkeiten verwirren ihn nicht mehr, und er kann die Dinge so sehen, wie sie in Wirklichkeit sind. Da er nicht länger an materiellen Dingen haftet, kann er jeden nur erdenkbaren Luxus genießen und ist doch niemals in Gefahr, sich darin zu verlieren.

Die Reise nach Shambhala stellt eine Art Wiederkehr zu dem Glück und der Sicherheit eines Menschen dar, der sich mit sich selbst und der Welt im Einklang fühlt. Die Texte warnen jedoch davor, sich gewaltsam einen Weg ins verborgene Königreich zu bahnen. Diese Warnung gilt insbesondere jenen, die nicht über geistige Klarheit und Aufrichtigkeit sich selbst gegenüber verfügen. Baut der Übende seinen Glauben auf sentimentalem Wunschdenken statt auf überzeugender Erkenntnis auf, wird er nicht wissen, wie er die psychische Energie bewältigen soll, die bei seiner Suche freigesetzt wird. Nur durch Geistesklarheit wird er befähigt sein, die Täuschungen und Irrwege zu vermeiden, die ihn auf seinem Weg erwarten.

Der Mythos von Shambhala

Der Mythos von Shambhala besitzt die Macht, die Täuschungen des Oberflächenbewußtseins zu durchbrechen und uns mit Inpiration zu erfüllen.

Ein Großteil der Reise besteht darin, die verdrängten Erlebnisse, Erfahrungen und Eindrücke, die im Unbewußten verborgen sind, wieder bewußt zu machen. Die verschiedenen Landschaften, die der Pilger durchwandert, symbolisieren die tiefen Geistesschichten, die im Unbewußten verborgen liegen. Sie verkörpern sowohl die positiven als auch die negativen Energiereserven, mit denen der Yogi konfrontiert wird.

Obwohl der Mythos von dem verborgenen Königreich tibetisch ist und für die Tibeter eine besondere Ausdruckskraft und Bedeutung besitzt, durchbricht seine Essenz alle kulturellen und religiösen Grenzen. In gewisser Weise kann jeder, ob Tibeter oder Europäer, sein eigenes Shambhala finden und sich in die Tiefen des Geistes vorwagen. Ganz gleich in welcher Form wir das verborgene Tal suchen, wir werden schließlich zu der Einsicht gelangen, daß das Königreich in dieser Welt liegt. Selbstverständlich muß es für uns nicht dieselbe Wirklichkeit haben, die einen tibetischen Yogi anspornt, sich auf die Suche nach dem verborgenen Shambhala zu machen. Der Shambhala-Mythos kann nicht einfach kopiert werden, sondern muß der Inspiration des inneren Geistes entstammen.

»Etwas ist verborgen. Geh, entdecke es.
Geh und schau nach, was hinter dem Gebirge ist.
Etwas ist hinter den Ketten verlorengegangen.
Es ist verlorengegangen und wartet dort auf dich. Geh!«

Rudyard Kipling

Das Königreich Shambhala. In der Mitte sitzt Rudra Cakrin, der zukünftige König von Shambhala, in seinem Palast im Zentrum des Landes, umgeben von den acht blütenblattförmigen Regionen mit ihren Städten und Fürstentümern.

78

Die Übung

Setzen Sie sich so gerade und locker wie möglich in den Meditationssitz. Ihre Hände liegen locker auf den Knien, und Ihre Augen sind geschlossen. Ihr Rücken ist ganz aufrecht. Das Kinn ist leicht angezogen. Werden Sie sich Ihres ganzen Körpers bewußt. Spüren Sie, ob noch Spannungen in Ihrem Körper sind. Lassen Sie dann diese Spannungen mit jeder Ausatmung los. Während Sie einatmen, atmen Sie sozusagen in die entspannten Muskelstellen hinein, und mit dem Ausatmen lassen Sie die Verspannungen los. Halten Sie sich nicht in den Schultern fest, sondern lassen Sie sich mit jeder Ausatmung im Unterleib nieder. *Pause (1 Minute)*

Werden Sie sich Ihres Kopfes bewußt, entspannen Sie Ihren Kopf. Entspannen Sie Ihre Augen, die Augenlider und die Muskeln um die Augen. Entspannen Sie die Wangen, den Mund, das Kinn und den Hals. Ihr Brustkorb ist entspannt und gibt der Atembewegung elastisch nach. Ihr Nacken, die Schultern und der Rücken sind ganz locker. Werden Sie sich Ihres Atems bewußt und erleben Sie ihn in jeder Einzelheit. Konzentrieren Sie sich unabgelenkt auf die beiden Phasen der Ein- und Ausatmung, so daß kein Raum mehr für andere Gedanken und Gefühle bleibt. Lassen Sie den Atem ausschwingen, und lassen Sie ihn einströmen. *Pause (1 Minute)*

Ihre Atmung wird immer ruhiger. *Pause.* Fühlen Sie die Ruhe in Ihrer Leibesmitte. Alle Muskeln und Nerven sind ruhig geworden. Ihr Körper ist völlig ruhig und bewegungslos, so bewegungslos wie eine Statue.

Überlassen Sie den Körper nun sich selbst und beobachten Sie, was sich in Ihrem Erlebnisraum abspielt. Dringen alle möglichen Gefühle, Gedanken oder Bilder ins Bewußtsein, so lassen Sie mit jedem Ausatmen etwas von diesen Gefühlen oder Gedanken los, bis der Andrang der Gefühle oder Gedanken nachläßt. Mit jeder Ausatmung geben Sie alle Gefühle, Bilder oder Erinnerungen ab. Warten Sie in Ruhe ab, bis ein Gefühl der Ruhe entsteht. *Pause (1 Minute)*

Stellen Sie sich jetzt vor, am Rande eines Plateaus zu stehen und in ein Labyrinth von Schluchten hinabzublicken. Es ist, als seien Sie ans Ende der Welt gekommen. Sie fragen sich, wie Sie diese fast senkrechten Wände, die so tief sind, daß Sie den Boden nicht sehen können, hinabzusteigen vermögen. Ehe Sie sich jedoch diese Frage beantworten können, sehen Sie in einem Spalt am Rande des Plateaus einen schmalen Pfad, der durch den Felsspalt nach unten führt. Sie klettern über die fast senkrechte Felspartie nach unten. Nach einiger Zeit erreichen Sie die Schlucht und befinden sich nun in einer Landschaft von fesselnder Fremdartigkeit. Kein Sand, kein Gras, nur noch Stein umgibt Sie. Es ist ein riesiges Chaos aus zerklüftetem Stein. Eine unerhörte Farbskala liegt über all diesen Steinen. Matte Rosatöne, rostiges Gelb, ockerfarbenes Grün und schattiertes Karminrot.

Die Schlucht wird immer heißer und heißer, je weiter Sie in sie vordringen. Sie wird zunehmend enger und bedrückender.

Ein seltsames Phänomen bringt Sie plötzlich zum Stehen, und Sie starren wie gebannt in die Ferne. Dort am Ende der sich allmählich erweiternden Schlucht erscheint ein leuchtend blaues Objekt. Sie gehen weiter, und vor Ihnen breitet sich ein See aus, wie eine Fläche aus geschmolzenem Lapislazuli. In der Nähe des Ufers verwandelt sich die Farbe des Sees in leuchtendes Grün.

Sehen Sie die Abendwolken, die tief am Himmel hängen und in dauernd wechselnden Formen über den See gleiten.

Sie ziehen weiter und begegnen einigen Nomaden, die mit ihren Yak- und Schafherden unterwegs sind. Bald nachdem Sie die Schlucht verlassen haben, stoßen Sie auf eine liebliche Oase mit blühenden Büschen und frischem grünem Weideland, das von einem gemächlich dahinfließenden Flüßchen bewässert wird.

Langsam wird es dunkel, und die Nacht bricht herein, eine dunkle und schwarze Nacht, dunkel und mondlos. Nur schwach können Sie die Umrisse der Bäume erkennen.

Sie wissen nicht, wie Sie aus diesem dunklen Wald herauskommen sollen. Sie haben sich verirrt. Sie gehen immer weiter durch das Gewirr von Ästen und Büschen und betreten endlich offenes Gelände. Es ist noch dunkel, aber langsam können Sie einen schmalen Weg erkennen, der zu einem steilen Berg führt. Sie begeben sich auf diesen Weg, schauen auf die Bergspitze und werden plötzlich von der dahinter aufgehenden Sonne geblendet. Die Bergspitze hüllt sich in ein goldenes Rosa. Sie richten Ihren Blick immer auf diesen steilen Berggipfel, der in das Blau des Himmels ragt. Sie beginnen mit dem Aufstieg. Der Weg ist beschwerlich. Je höher Sie steigen, desto unbekannter wird die Landschaft. Plötzlich wird alles von Wolken eingehüllt, so daß Sie den Schnee vor Ihren Füßen nicht mehr von dem übrigen Raum unterscheiden können. Alles ist weiß und gestaltlos geworden. Höher und höher steigen Sie empor, durch eine Wolkenschicht nach der anderen. Der Aufstieg scheint kein Ende zu nehmen. Jetzt steigen auch noch gewaltige Gewitterwolken über den Gletschern auf. Die Luft ist eisig geworden. Blitze zeichnen sich grell am Himmel ab, und Donner scheint unmittelbar über Ihren Kopf hinwegzurollen. Ein kalter Regen peitscht Ihnen ins Gesicht. Glücklicherweise verschwinden die Gewitterwolken ebenso plötzlich, wie sie gekommen sind. Wie durch Zauberkraft lösen sich die Wolken auf, und eine Welt leuchtender Farben unter einem tiefblauen Himmel enthüllt sich Ihnen.

Die Spitze des Berges erscheint in übernatürlicher Klarheit. Sie glauben, Sie könnten mit den Händen danach greifen. Der Berg scheint Ihnen entgegenzueilen. Unter den Strahlen der Sonne glänzt der Schnee in zahllosen Farben, wie mit Staub von Diamanten, Saphiren und Smaragden bestreut. Sie beginnen mit dem Aufstieg zur letzten Paßhöhe. Ihr Blick ist stets auf die Bergspitze gerichtet. Plötzlich erregt in der Ferne etwas Ihre Aufmerksamkeit, und Sie erblicken einen Leoparden, der auf Sie zukommt. *Pause*

Es bleibt Ihnen keine andere Wahl, als sich ihm entgegenzustellen. Seien Sie mutig. Sie wissen, daß Sie die Kraft haben, das wilde Tier zu bezwingen. *Pause*

Als der Leopard ganz dicht vor Ihnen steht, erkennen Sie, daß er gar nicht furchterregend, sondern verspielt wie eine Katze ist. Er tollt um Sie herum, aber Sie gehen unbeirrt weiter. Endlich erreichen Sie den Gipfel. Weit unter Ihnen erstreckt sich ein unbeschreiblich grünes Tal. Große blaue Seen werden von smaragdgrünem Weideland umgeben. Zwei spitze Schneegipfel ragen am fernen, anderen Talende in den blauen Dunst des Himmels. In der klaren Höhenluft fühlen Sie sich beschwingt und frei wie ein Vogel. In der großen Stille der unberührten Natur, fern von aller menschlichen Geschäftigkeit, durchströmt Sie ein Gefühl des Friedens und der Unabhängigkeit. *Pause*

Genießen Sie diese Stille. *(1 Minute)*

Um das Tal noch vor der Dunkelheit zu erreichen, beginnen Sie mit dem Abstieg. Sie kommen durch einen schönen Föhrenwald, in dem Rhododendron wächst. Hören Sie, wie die Vögel mit hellen und klaren Stimmen singen. An dem Moos der Bäume hängen bläulich schimmernde Wassertropfen. Sie glitzern wie die Diamanten einer Halskette. Sie haben das Gefühl, als wären Sie schon einmal hier gewesen. Sie kommen an eine lichte Stelle und erblicken eine Quelle, die unter einem moosigen Felsen hervorsprudelt. Sie beugen sich nieder, um zu trinken. Dann ziehen Sie weiter durch den Wald und kommen in ein wunderschönes grünes Tal. Genießen Sie den Frieden und die Schönheit des Tals. Sie sind von einem traumhaften unerklärlichen Glücksgefühl erfüllt, das Vergangenheit und Zukunft auszulöschen scheint und nur ein Bewußtsein der Sie umgebenden leuchtenden Schönheit übrig läßt. *Pause*

Sie gehen weiter durch das Tal und gelangen an einen See, der wie ein Halbmond geformt ist. Der See ist angefüllt mit Juwelen und duftenden bunten Blumen. Am Ufer des Sees liegen viele große Felsblöcke, weiße und rote. Sie scheinen aus Juwelen, Gold, Silber, Korallen und ähnlichen Kostbarkeiten zu bestehen. Es gibt drei Brücken, um diesen See zu überqueren. Sie nehmen die untere Brücke, um ans andere Ufer zu kommen. Am anderen Ufer erwartet Sie ein Mädchen, das Sie bittet, ihm zu folgen. Sie folgen ihm und kommen an vielen riesigen Felsblöcken vorbei. Überall ist die Erde mit verschiedenen Arten von Blumen übersät. Einige Blüten sind ganz geöffnet, andere öffnen sich gerade. Manche sind so groß, daß Sie sie mit Ihren Armen umfassen könnten.

In der Ferne erblicken Sie eine Stadt in Lotosblütenform. Sie begeben sich in diese Stadt und sind fasziniert von dem Labyrinth weißer und roter Häuser mit geschwungenen, goldbelegten Kupferdächern. Sie gehen durch schmale Gassen und begegnen Menschen mit schönen Gesichtszügen, deren ganze Erscheinung Gelassenheit und Friedfertigkeit ausstrahlt. Die Frauen tragen mehrfache Perlenhalsbänder mit Schmuckplatten aus Silber, die mit Türkisen und Korallen dicht besetzt sind.

Sie begeben sich in das Zentrum der Stadt und kommen an einen Palast. Sein Dach ist aus reinstem Gold, und Ornamente aus Perlen und Diamanten hängen von der Dachrinne. Smaragde und Saphire umrahmen die Eingangstür, und goldene Markisen schützen die Fenster aus Lapislazuli und Diamanten. Neben dem Haupteingang steht ein Wächter, den Sie bitten, das Tor zu öffnen. Sie betreten das Innere. Alles strahlt den Glanz von Türkisen aus. An den Wänden der Vorhalle sehen Sie Fresken von überlebensgroßen Buddhas, Bodhisattvas und Göttern, von vielarmigen Ungeheuern und phantastischen Tieren mit flammenden Augen. Sie verlassen die Vorhalle und steigen über Stufen aus schwarzem und weißem Marmor nach oben. Sie kommen in eine Halle, in deren Mitte sich ein goldener Thron auf acht Löwen befindet. Auf diesem Thron sitzt ein alter Mann, der Frieden und Ruhe ausstrahlt. Er richtet seine Augen auf Sie und bittet Sie, Platz zu nehmen. *Pause*

Sie fühlen sich wohl in seiner Umgebung. Ein Gefühl von Ruhe und Freiheit durchdringt Sie. Sie fühlen Wohlbehagen und Glück. Bleiben Sie noch für einen Moment unbeweglich an diesem Ort sitzen und konzentrieren Sie sich auf Ihr inneres Zentrum, auf Ihr Herzzentrum, das Zentrum universeller Liebe. *Pause*

Kommen Sie jetzt wieder langsam ins Tagesbewußtsein zurück. Atmen Sie einige Male tief durch. Rezitieren Sie dreimal hintereinander das Mantra Om, und öffnen Sie dann die Augen. Die Meditation ist beendet.

Chakrameditation

Diese Meditationsübung, die als *Chakra Dharma* oder Kraftzentrenmeditation bezeichnet wird, gilt als Hilfsmittel für das Fortschreiten auf dem spirituellen Weg.

Nach tantrischer Physiologie befinden sich im Menschen runde, horizontal angeordnete Lotoszentren, die als Durchgangspunkt für die Nervenbahnen *(Nadis)* von großer Bedeutung sind. Als die zwei wichtigsten Nadis werden in der tantrischen Literatur *Pingala* und *Ida* genannt, die vom Naseneingang ausgehend entlang der Wirbelsäule verlaufen. Pingala beginnt am rechten mit der Sonnenenergie in Verbindung stehenden Nasenloch und Ida am mit der Mondenergie in Verbindung stehenden linken Nasenloch.

Der Tantriker zielt auf die Vereinigung der beiden in den flankierenden Nadis fließenden Kräfte, die in der *Sushumna,* einem hohlen Kanal in der Wirbelsäule, zur Feuerenergie der Kundaliniglut verschmelzen. Der tantrische Weg zur Vereinigung der Gegensätze besteht in der Erweckung und Aktivierung der Kundalini (Schlangenkraft), der Urkraft, die als aufgerollte Schlange im untersten Chakra symbolisch dargestellt wird. Die Chakras liegen wie die Nadis entlang der Wirbelsäule und werden dort durch die Nadis zentriert. Sie werden von unten nach oben aufsteigend mit einer wachsenden Zahl von Lotosblättern dargestellt, nämlich vier, sechs, zehn, zwölf, sechzehn, zwei und schließlich tausend. Der tausendblättrige Lotos befindet sich nach den tantrischen Texten bereits außerhalb des Körpers, in der Mitte über dem Scheitel und symbolisiert den Schritt zum kosmischen Bewußtsein, in dem die Dualität aufgehoben ist.

Das Aufsteigen der Kundalini verursacht eine Dynamisierung der psychischen Kräfte und Potenzen, eine Verwandlung der erdgebundenen physischen Kräfte und Triebe in spirituelle Energien. Der Kundalini-Yoga will dem Meditierenden seine physischen und psychischen Energien bewußt machen und eine Wandlung und Erhebung des Menschen auf eine höhere Stufe des bewußten Daseins, das nicht mehr von der Bindung an die Objektwelt gezeichnet ist, erreichen. Der Tantriker ordnet jedem Chakra spezifische physiologische und psychologische Eigenschaften zu.

So symbolisiert das *Muladhara-Chakra,* das an der Basis der Wirbelsäule liegt, das Leben im Urzustand. In diesem Chakra liegt die Chance zum bewußten Leben, das von hier ausgehend einem bewußten Aufgehen im Spirituellen zustrebt.

Svadhishthana, das am Ansatz der Geschlechtsorgane liegt, ist der Sitz des Unbewußten. Es sorgt sowohl für den Abbau und das Ausscheiden von Nahrungsmitteln als auch für die Eliminierung psychischer Giftstoffe.

Die Aktivierung von *Manipura,* das in der Höhe des Bauchnabels liegt, bewirkt eine Verbesserung der Energieaufnahme und der Energiebereitstellung durch positiveren Verlauf des Verdauungsvorgangs. Durch ein besseres »Verdauen« dessen, was von außen auf Körper und Geist einwirkt, hat der Mensch mehr Chancen, gesund zu bleiben. Die Tibeter betrachten dieses Chakra, den Feuerlotos, als Ort zur Umwandlung der Energien. Die fünf Geistesgifte Unwissenheit, Zorn, Stolz, Leidenschaft und Haß werden hier in die fünf Weisheiten der fünf *Jinas,* der transzendenten Buddhas, umgeformt.

Die fünf *Jinas* (Sieger) oder Meditationsbuddhas symbolisieren die fünf Weisheiten des Buddhawesens, des völlig erwachten Bewußtseins. Zur gleichen Zeit steht jeder dieser Buddhas auch für ein verblendetes Gefühl, das in Weisheit verwandelt werden kann. So repräsentiert *Vairochana,* der erste der fünf, das Grundgift der Verblendung, aber zur gleichen Zeit auch die reine, absolute Weisheit. *Akshobhyas* Aggression und Haß wird in spiegelgleiche Weisheit, *Ratnasambhavas* Stolz in ausgleichende Weisheit und *Amoghasiddhis* Ehrgeiz in alleserfüllende Weisheit umgewandelt.

Anahata-Chakra, das Herzzentrum, stellt die Verbindung zum ganzen Organismus her und versorgt diesen mit Nahrung. Durch dieses Kommunikationssystem werden die Organfunktionen des Körpers miteinander in Verbindung gebracht. Auf psychologischer Ebene gewährleistet dieses Zentrum die Kontakt-, Hinwendungs- und Liebesfähigkeit von Mensch zu Mensch. Anahata-Chakra bildet die Ebene des Verstehens und Integrierens, der Begegnung und der Kommunikation. Diesem Herzzentrum wird als Organ des vergeistigten Gefühls die Kraft der Inspiration zugeordnet.

Im *Vishuddha-Chakra,* das in der Halsgegend liegt und dem Atmungssystem (plexus cervicus) entspricht, wird der Pranakraft Ausdruck durch die Sprache verliehen. Können Atem und Laut ungehindert strömen, befindet sich der Mensch in Verbindung mit dem Kosmischen. In der Stimme und im Atem offenbart er sich in seiner jeweiligen Einstellung und Haltung. Im vollen Ausströmenlassen des Atems zeigt sich sein Vertrauen zum Leben. Verhalten ist der Atem bei demjenigen, der sich selbst und seinem Leben mißtraut. Ein Mensch, der in Ausdruck und Atmung beschränkt ist, ist von seinem Wesen abgeschnitten. Vishuddha-Chakra reguliert jedoch nicht nur die lautliche Äußerung, sondern auch Mimik und Gestik, also alles, was als menschliche Äußerung gelten kann.

Ajna-Chakra, das zwischen den Augenbrauen liegt, gilt als Zentrum der Intuition, die uns Einsicht in die Unbegrenztheit der geistigen Welt gibt. Dieses Chakra, das durch zwei Blütenblätter symbolisiert wird, spiegelt im Glanze vollendeter Meditation eine Geistesverfassung wider, die aus den fünf Elementen hervorgehoben und vollkommen frei von allen Sinnesein-schränkungen ist.

Der tausendblättrige Lotos *(Sahasrara)* befindet sich bereits außerhalb des irdischen Körpers, in der Mitte über dem Schei-tel, und kontrolliert das kosmische Bewußtsein, in dem das beschränkte Ich-Bewußtsein aufgehoben ist, und wo die Ver-schmelzung der Gegensätze stattfindet. In diesem Chakra kommt es zu einer Zentrierung des Wesens, durch die das Be-wußtsein von seinen Begrenzungen befreit wird.

In der Chakrameditation wird die Aufmerksamkeit auf be-sonders reizempfindliche Regionen des Körpers gelenkt, und Wünsche, die als treibende Kraft des Universums gelten, wer-den dabei intensiv wahrgenommen. Nach Ansicht des Tantris-mus stehen unsere Wünsche in direkter Beziehung zu den sechs psychischen Zentren. Indem sich die kosmische Energie (Kun-dalini) durch die einzelnen Chakras bewegt, regt sie die schlum-mernden Wünsche an, die jeweils einem spezifischen Chakra ent-sprechen. Der Tantriker ist sich bewußt, daß alle Wünsche, die durch die Verhaftung an Sinnesreize erzeugt werden, etwas Natürliches sind. Versuchen wir, die Wünsche, die die Aus-schüttung von Hormonen aus den endoktrinen Drüsen aktivie-ren, zu unterdrücken, kommt es zu einer Konzentration dieser Stoffe im Blut, die zu einem gestörten Gleichgewicht in der Körperchemie und somit zur Krankheit führt.

Obwohl der Tantriker weiß, daß der Mensch, da er stets nach Erfüllung seiner Wünsche trachtet, leicht zu deren Sklaven wer-den kann und in Zustände von Einsamkeit, Unruhe, Aufre-gung, Zorn, Unzufriedenheit und dergleichen zu fallen droht, verlangt er von seinem Schüler keine Unterdrückung bezie-hungsweise Verdrängung von Wünschen. Im Gegensatz zu an-deren spirituellen Disziplinen, die auf der Vermeidung von Wünschen bestehen, da sie als negative Verhaftungen und Hin-dernisse auf dem Weg zu einem höheren Bewußtsein betrachtet werden, geht es dem Tantriker um eine Verfeinerung und Transzendierung der Wünsche. Indem der Übende seine Wünsche durch tantrische Praktiken zu verfeinern und zu klären versucht, ist er in der Lage, Spannungen zu lösen, Frieden und Harmonie in sich herzustellen und schließlich einen höheren Bewußtseinszustand zu erreichen. Durch das Aufsteigen der Kundalini, die sich durch die verschiedenen Chakras nach oben bewegt, kommt es zu einer Harmonisierung aller Zentren und zur Transzendierung der Wünsche.

Die Wahrscheinlichkeit, daß der Meditierende durch die Visualisation der einzelnen Chakras in den gewünschten Zustand des Friedens und der Harmonie gelangt, wird noch durch das Singen von Mantras erhöht. Den Chakras sind verschiedene Mantras zugeordnet, durch deren Klänge die Kraftströme in Bewegung geraten. So vermögen sie die psychischen Zentren zu erwecken beziehungsweise zu aktivieren. Die Klänge der Mantras schwingen in den tiefen Ebenen des Geistes mit und erwecken sie gewissermaßen zum Leben.

Übung

Setzen Sie sich so locker wie möglich in den Lotossitz auf den Boden. Ihr Becken ist ganz gerade und entspannt, so daß Ihr Atem frei fließen kann. Der Rücken ist aufrecht, und die Handgelenke liegen auf den Knien. Die Spitze des Zeigefingers und die Daumenspitze berühren sich. Die drei anderen Finger bleiben ausgestreckt nebeneinander, jedoch ohne jegliche Steifheit. Achten Sie darauf, auch den Kopf auf der Wirbelsäule im Gleichgewicht zu halten, damit Sie sein Gewicht nicht mehr spüren und auch die Muskeln des Nackens und des Halses entspannen können. Die gerade Stellung Ihres Körpers ist deshalb so wichtig, damit die Energie durch Ihren gesamten Körper fließen kann. Lassen Sie den Alltag, alle Sorgen, alle Gefühle und Gedankenbewegungen für die Zeit der Meditation hinter sich. Entspannen Sie Ihren gesamten Körper und fühlen Sie ihn ganz bewußt und intensiv.

Lassen Sie alle Verspannungen los. Erspüren Sie, ob Schul-

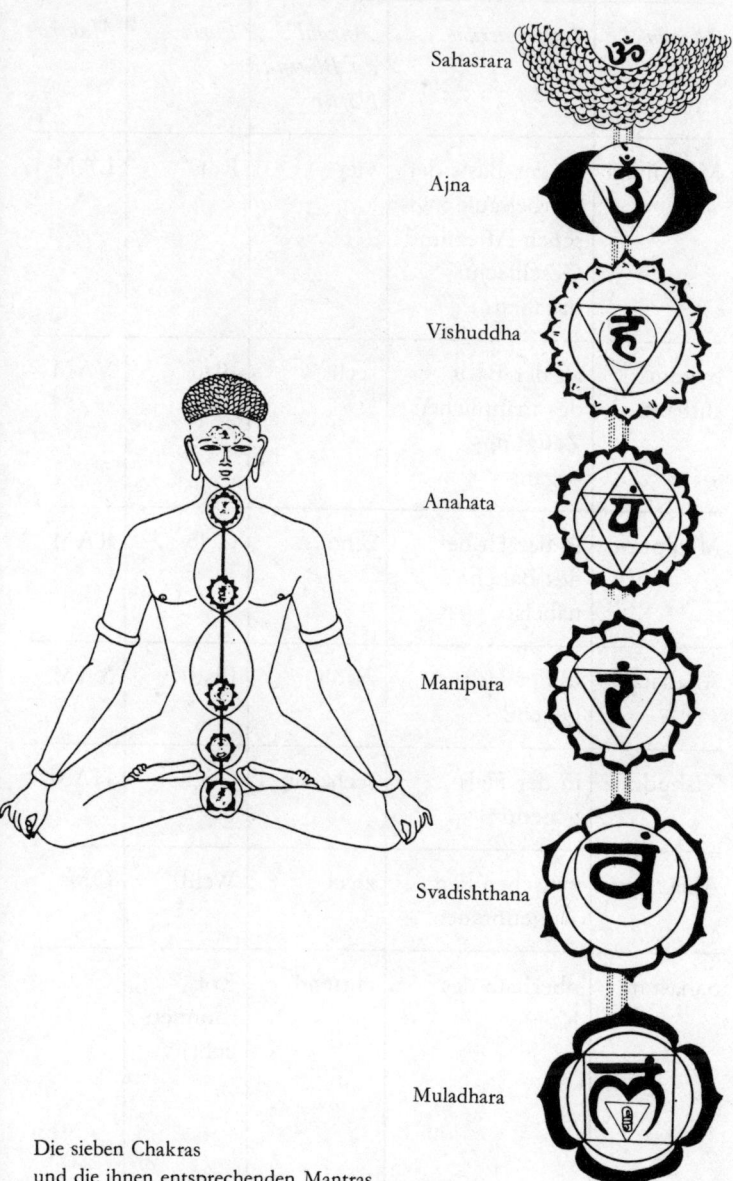

Sahasrara

Ajna

Vishuddha

Anahata

Manipura

Svadishthana

Muladhara

Die sieben Chakras
und die ihnen entsprechenden Mantras

89

Chakra	Lokalisierung	Anzahl der Blütenblätter	Farbe	Mantra
Muladhara	an der Basis der Wirbelsäule zwischen After und Geschlechtsorganen	vier	Rot	LAM
Svadhishthana	an der Basis des männlichen Zeugungsorgans	sechs	Blau	VAM
Manipura	in der Höhe des Bauchnabels	zehn	Gelb	RAM
Anahata	in der Herzgegend	zwölf	Blau	YAM
Vishuddha	in der Halsgegend	sechzehn	Grün	HAM
Ajna	zwischen den Augenbrauen	zwei	Weiß	OM
Sahasrara	oberhalb des Kopfes	tausend	Rot (Sonnenlicht)	

Symbole	Sinnes-wahr-nehmung	Elemente	Planet	Wünsche
eine eingerollte Schlange oder ein rotes Dreieck	Geruch	Erde	Mond	Körperliches Wohlbefinden, grundlegende biologische Bedürfnisse
der zunehmende Mond	Geschmack	Wasser	Merkur	Sexualtrieb, Phantasie
Sonnenblume	Sehen	Feuer	Venus	Unsterblichkeit, Ruhm, Macht, Besitz
das Licht einer Lampe	Gefühl	Luft	Sonne	Liebe, Hingabe
Nektartropfen	Gehör	Raum	Mars	Mitgefühl
das dritte Auge	Gedanke	Bewußtsein, individuell	Jupiter	Wissen
Flammen. Der Ort, an dem sich die Energie der Kundalini mit Shiva vereinigt		Bewußtsein, kosmisch	Saturn	Selbstverwirklichung, Erleuchtung

tern und Arme völlig entspannt sind. Versuchen Sie, mit jeder Ausatmung Ihre Spannungen abzugeben. *Pause*

Entspannen Sie Ihre Kopfhaut und das Gesicht. Ihre Stirn ist frei von Anspannungen. Erspüren Sie die Augen und den Bereich um die Augen. Ihre Augenlider sind so entspannt, als ob Sie schliefen. Auch in den Augäpfeln ist keine Spannung mehr vorhanden. Ihre Wangen und Ihr Mund sind sehr locker. Auch Ihre Zunge ist ganz locker. Werden Sie sich noch einmal Ihres Gesichts bewußt. Prüfen Sie, ob Sie wirklich alle Spannungen abgegeben haben und ob Ihr Gesicht völlig entspannt und ruhig ist. *Pause*

Ihr Gesicht ist völlig entspannt und gelöst. Auch Ihr Hals ist völlig entspannt. Ihr Brustkorb ist entspannt und gibt der Atembewegung elastisch nach. Ihr Nacken, die Schultern und der Rücken sind völlig entspannt. Empfinden Sie den Rücken von unten nach oben. Wenn Sie noch Spannungen im Schulterbereich spüren, versuchen Sie diese mit jeder Ausatmung loszulassen.

Beeinflussen Sie Ihren Atem in keiner Weise. Ihr Atem ist selbstvergessen, spontan, ohne Zwang. Lassen Sie die Einatmung immer frei zu, und erwarten Sie den Zeitpunkt der Ausatmung. Spüren Sie, wie bei der Ausatmung eine Abwärtsbewegung von der Schulter zum Beckenbereich entsteht. Mit jeder Ausatmung lassen Sie alle Spannungen im Schulterbereich los, um sich mehr und mehr im Becken niederzulassen. *Pause*

Fühlen Sie, wie Sie mehr und mehr vom Boden getragen werden. Ihr Schulterbereich wird immer freier, und alle Verspannungen in den Schultern lösen sich. Spüren Sie, wie Sie mehr und mehr im Beckenbereich verankert sind. *Pause*

Werden Sie sich Ihres rechten Fußes bewußt, Ihres linken Fußes, Ihres rechten Beines und Ihres linken Beines. Ihre Füße und Beine sind völlig entspannt. Werden Sie sich Ihres Bauches bewußt und Ihrer Brust. Ihre Atmung ist ruhig und ohne Anstrengung. Werden Sie sich Ihres Rückens bewußt. Ihre Schultern sind ruhig und völlig entspannt. Auch Ihr Nacken ist völlig entspannt. Sie sind so bewegungslos wie eine Statue und haben kein Bedürfnis nach Bewegung. Werden Sie sich Ihres Kopfes bewußt, der Stirn, der Augen und des Raumes hinter den Augen. Ihre Atmung wird immer ruhiger. Fühlen Sie die Ruhe in Ihrer Leibesmitte.

Beobachten Sie Ihren Atmungsvorgang ganz genau. Wenn Sie ausatmen, nehmen Sie das freie Ausschwingen des Atems wahr. Bei jeder Einatmung werden Sie sich des Einströmens der Luft und der damit verbundenen Lebenskraft bewußt. Konzentrieren Sie sich auf die Ein- und Ausatmung. Wenn nach dem Ausatmen eine kleine Pause entsteht, werden Sie sich dieser bewußt, und kosten Sie den Moment der Stille bewußt aus.

Lange Pause

Visualisieren Sie jetzt die Chakras, die runden, horizontal angeordneten Lotoszentren. Visualisieren Sie das *Muladhara Chakra,* das an der Basis der Wirbelsäule zwischen Afteröffnung und Geschlechtsorganen liegt. *Muladhara Chakra* symbolisiert das Leben im Urzustand. Hier wird die schöpferische Vitalkraft aktiviert. Das psychische Symbol für *Muladhara Chakra* ist ein rotes Dreieck. Konzentrieren Sie sich auf dieses rote Dreieck.

Visualisieren Sie jetzt *Svadishthana Chakra,* das Chakra in der Lendengegend. Lenken Sie die ganze Kraft Ihres Bewußtseins in den Raum unterhalb des Nabels, und visualisieren Sie das Unbewußte in Form von Wellen.

Visualisieren Sie *Manipura Chakra* in der Höhe des Bauchnabels. *Manipura* ist das Wärmezentrum. Von hier verteilt sich die Wärmeenergie auf Ihren gesamten Körper. Das Symbol für *Manipura* ist eine Sonnenblume. Konzentrieren Sie sich auf eine strahlende Sonnenblume in der Bauchnabelgegend.

Visualisieren Sie *Anahata Chakra,* das Chakra in der Herzgegend. *Anahata* ist das Kommunikationszentrum, das Zentrum der universellen Liebe. Konzentrieren Sie sich auf dieses Zentrum, und visualisieren Sie das Licht einer kleinen Lampe in völliger Dunkelheit. Sehen Sie eine kleine brennende Öllampe mit ihrer goldenen Flamme.

Visualisieren Sie *Vishuddha Chakra,* das Chakra in der Hals-gegend. Es ist das Zentrum der Purifikation und wird durch Nektartropfen symbolisiert. Visualisieren Sie diese Nektar-tropfen.

Visualisieren Sie *Ajna Chakra,* das Zentrum zwischen den Augenbrauen. Es ist bekannt als das dritte Auge, das Auge der Weisheit. *Ajna Chakra* symbolisiert Ihre Intuition. Konzentrie-ren Sie sich auf den Punkt zwischen den Augenbrauen.

Visualisieren Sie *Sahasrara Chakra,* das Chakra oberhalb Ihres Kopfes. Es ist das Zentrum des kosmischen Bewußtseins.

Visualisieren Sie ein großes Feuer oberhalb Ihres Kopfes.

Visualisieren Sie noch einmal:

Muladhara, das Basischakra, ein rotes Lotoszentrum mit vier Blütenblättern *(Lam),*

Svadishthana, das Chakra in der Lendengegend, ein blaues Lotoszentrum mit sechs Blütenblättern *(Bvam),*

Manipura, das Chakra in der Nabelgegend, ein gelbes Lotos-zentrum mit zehn Blütenblättern *(Ram),*

Anahata, das Chakra in der Herzgegend, ein blaues Lotoszen-trum mit zwölf Blütenblättern *(Yam),*

Vishuddha, das Chakra in der Halsgegend, ein grünes Lotos-zentrum mit sechzehn Blütenblättern *(Ham),*

Ajna, das Chakra zwischen den beiden Augenbrauen, ein weißes Lotoszentrum mit zwei Blütenblättern *(Om),*

Sahasrara, das Chakra oberhalb Ihres Kopfes, ein rotes Lotos-zentrum mit tausend Blütenblättern.

Visualisieren Sie noch einmal die Chakras, und lenken Sie die ganze Kraft Ihres Bewußtseins auf sie. Lenken Sie Ihre Auf-merksamkeit zuerst wieder auf das *Muladhara Chakra.* Werden Sie sich der Vitalkraft und der Urenergie bewußt, die von die-sem Zentrum aus alle Chakras mit Energie versorgt.

Lenken Sie jetzt Ihre Aufmerksamkeit auf den Raum unter-halb des Nabels. Es ist der Sitz des Unbewußten. Nehmen Sie mit diesem Zentrum Kontakt auf, und werden Sie sich wieder eventueller Verdrängungen bewußt.

Lenken Sie Ihre Aufmerksamkeit auf *Manipura Chakra,* das Chakra in der Nabelgegend, das Zentrum der Vitalenergie. Von hier aus können Sie negative Energien in positive umwandeln. *Pause.* Fühlen Sie, wie sich die Wärme von diesem Chakra aus wie die Strahlen der Sonne auf den gesamten Körper verteilt. Von hier aus strömt die Wärme durch Ihren gesamten Körper. Konzentrieren Sie sich jetzt auf das Herzzentrum, das Zentrum universeller Liebe. Visualisieren Sie ein Licht, strahlend und warm. Fühlen Sie, wie es sich mehr und mehr ausbreitet, wie es mehr und mehr aus Ihnen herausleuchtet. Fühlen Sie, wie die Liebesenergie Sie erfüllt und von Ihnen ausstrahlt.

Lenken Sie jetzt Ihre gesamte Bewußtseinskraft in das Halschakra, das Chakra der Kommunikationsfähigkeit. Werden Sie sich Ihres Atems bewußt, der von der Bauchgegend aufsteigend durch dieses Zentrum strömt. Werden Sie sich auch des Geräuschs Ihrer Atmung in diesem Zentrum bewußt.

Richten Sie jetzt Ihre Aufmerksamkeit auf das Zentrum zwischen den Augenbrauen. Es ist das Zentrum der Intuition. Werden Sie sich Ihrer intuitiven Kräfte bewußt, die in diesem Zentrum verborgen sind.

Lenken Sie jetzt Ihre Aufmerksamkeit auf das Chakra oberhalb Ihres Kopfes und spüren Sie, wie die Energie wie eine Lichtfontäne aus Ihrem Kopf herausschießt.

Visualisieren Sie noch einmal:
Muladhara, das Basischakra, ein rotes Lotoszentrum mit vier Blütenblättern *(Lam),*
Svadishthana, das Chakra in der Lendengegend, ein blaues Lotoszentrum mit sechs Blütenblättern *(Bvam),*
Manipura, das Chakra in der Nabelgegend, ein gelbes Lotoszentrum mit zehn Blütenblättern *(Ram),*
Anahata, das Chakra in der Herzgegend, ein blaues Lotoszentrum mit zwölf Blütenblättern *(Yam),*

Vishuddha, das Chakra in der Halsgegend, ein grünes Lotos-zentrum mit sechzehn Blütenblättern *(Ham),*
Ajna, das Chakra zwischen den Augenbrauen, ein weißes Lotoszentrum mit zwei Blütenblättern *(Om),*
Sahasrara, das Chakra oberhalb des Kopfes, ein rotes Lotos-zentrum mit tausend Blütenblättern.

Visualisieren Sie, wie die Energie durch die einzelnen Chakras von unten nach oben durch Ihren ganzen Körper fließt. Ihr ganzer Körper ist von Energie durchdrungen. Die Energie des Universums strömt durch jeden Teil Ihres Körpers. Sie fühlen sich ganz ruhig, entspannt und voller Vitalität. Bleiben Sie noch für einen Moment in diesem entstpannten Zustand und fühlen Sie, wie die Energie durch Ihren Körper strömt. *Pause*
Nehmen Sie langsam Kontakt mit Ihrer Außenwelt auf. Nehmen Sie alle Geräusche, die von außen kommen, wahr. Werden Sie sich Ihres Körpers und Ihrer Atmung bewußt. Atmen Sie dreimal tief durch und rezitieren Sie dann dreimal hintereinander das Mantra Om.
Die Meditation ist beendet.

Mantrameditation

Das *Mantra,* das sich aus dem Sanskritwort *Mantrana* ableitet und soviel wie Rat oder Botschaft bedeutet, ist eine Abfolge von Klangeinheiten mit charakteristischer Aussprache und In-tonation, die der Schüler normalerweise von seinem Guru lernt. Meistens besteht ein Mantra aus einer Kombination von *Bijas* (Keimsilben), die den Meditierenden in harmonische Schwin-gungen versetzen kann und ihn für eine höhere Erfahrung emp-fänglich macht. Das Mantra ist für den Tantrismus von so zentraler Bedeutung, daß Tantriks oft auch als Mantriks be-zeichnet werden, und der Tantrismus selbst als Mantra Shastra, die Wissenschaft vom Mantra.

Die tantrische Literatur, die unzählige Mantras kennt, hat eine Methode aufgestellt, wie diese Silben miteinander kombiniert werden müssen, damit sich ihre ruhenden Kräfte entfalten. Die Tantriker sind der Ansicht, daß ein richtig intoniertes Mantra gewisse Vibrationen *(Spanda)* erzeugt, die aufgrund eines unbekannten physiologischen Prozesses charakteristische Umstände hervorrufen können. Die Wahrscheinlichkeit, daß ein Schüler durch die richtige Intonation eines Mantras in einen erwünschten seelischen Zustand eintreten kann, wird noch dadurch erhöht, daß das Singen von Mantras nicht isoliert vollzogen wird, sondern mit der Kontemplation über entsprechende visuelle Symbole einhergeht. Nicht nur das innere Ohr, sondern auch das innere Auge soll auf denselben seelischen Zustand gerichtet werden. Durch die Verwendung entsprechender Gesten *(Mudras)* wird die suggestive Kraft der hörbaren und sichtbaren Symbolik weiter verstärkt.

Neben der Intonation spielen auch der Takt und die Lautstärke, in denen das Mantra gesungen wird, eine wichtige Rolle. Während schnelles Singen eine Beschleunigung von Herzschlag und Atem mit sich bringt, führt eine Verlangsamung des Taktes zu einer Beruhigung der mentalen Energie, des Herzschlags und des Atems. Das Rezitieren beziehungsweise Singen der Mantras wirkt sich positiv auf die Konzentrationsfähigkeit aus, fördert positive Gefühle und stärkt die Willenskraft.

Die Wiederholung eines Mantras wird als *Japa* bezeichnet. Das Japa, das im Tantrismus oft in Verbindung mit anderen Techniken angewandt wird, kann mit lauter Stimme oder auch still ausgeführt werden. Nach Ansicht der Tantriker soll das stille Japa *(Upansha Japa)* stärker wirken als das laut praktizierte. Um das stille Japa zu üben, wird das Mantra zunächst laut ausgesprochen, so daß die Ohren es hören und das Gehirn es aufnimmt. Allmählich verringert man die Lautstärke, rezitiert in tiefen Tönen und beginnt, das Mantra still im Geiste vor sich her zu sagen. Eine Variante des stillen Japa ist das geschriebene Japa, das nach der Tradition auf eine Birkenrinde oder die Blätter eines Banyan-, Pipal-, Bananen- oder Mangobaumes geschrieben wird.

Das Japa kann auch mit Hilfe einer *Mala* (Rosenkranz) ausgeführt werden. Die Mala, die sowohl von Buddhisten als auch von Hindus verwendet wird und mit deren Hilfe man die Mantras zählt, besteht normalerweise aus 84 oder 108 Perlen und einer Extraperle, die *Sumeru* genannt wird. Die Zahl 84 ergibt sich durch Multiplikation von 12 mit 7. Die Zahl 12 steht für die zwölf Tierkreiszeichen, die Zahl 7 für die sieben Planeten (die mit bloßem Auge sichtbaren Planeten einschließlich Sonne und Mond). Die Zahl 108 ergibt sich, indem man bei dieser Multiplikation den Mond dreimal rechnet, als zunehmenden, vollen und abnehmenden ($12 \times 9 = 108$).

Die Perlen-Mala sollen bestimmte Wirkungen auf die Körperchemie haben. Sie werden aus Sandelholz, Lotossamen, Samen des Rudrakshabaumes, aus Korallen, Perlen, Quarz, Kristall, Muscheln oder Silber hergestellt.

Die Mala dient den Yogis nicht nur als Zählhilfe für die Mantras, sondern ist gleichzeitig auch ein gutes Instrument, um den Geist zu zentrieren.

Folgende Regeln sollten bei der Durchführung des Japa mit Hilfe einer Mala beachtet werden:
1. Die Mala wird nur mit der rechten Hand gehalten.
2. Die Perlen der Kette werden von Mittel- und Ringfinger gehalten und mit dem Daumen weitergeschoben.
3. Zeigefinger und kleiner Finger dürfen sich nicht berühren.
4. Die Extraperle bildet den statistischen Punkt der Mala und sollte aus diesem Grund niemals weitergeschoben werden.
5. Der Übende sollte mit der ersten Perle neben der Sumeruperle beginnen und mit der letzten Perle aufhören.
6. Beim zweiten Durchgang dreht der Übende die Mala um und schiebt die Perle, mit der er den ersten Durchgang beendet hat, als erste weiter.

Konkrete und abstrakte Mantras

Der Yoga kennt zwei verschiedene Arten von Meditation: die konkrete oder *Saguna* (mit Eigenschaft) und die abstrakte oder *Nirguna* (ohne Eigenschaft). Während sich der Übende in der Sagunameditation auf ein konkretes Bild oder ein Mantra konzentriert, das eine spezifische Gottheit symbolisiert, ist das Meditationsobjekt in der Nirgunameditation abstrakt wie das Absolute, das nicht in Worte gefaßt werden kann.

Zu den bekanntesten Nirguna-Mantras gehören *Om (Aum)* und *Soham.* Die heilige Silbe *Om,* die in Indien als die Essenz aller Mantras betrachtet wird, öffnet unser Innerstes für die Schwingungen einer höheren Realität. *Om* symbolisiert das allumfassende kosmische Bewußtsein, das jenseits aller Worte und Konzepte liegt. In den *Upanishaden* heißt es:

»Das Wort, das alle Veden überliefern und alle Bußen verkünden, das den Wunsch derer ausmacht, die in den heiligen Schülerstand treten, das sage ich dir kurz: es lautet »OM«.
Denn diese Silbe ist das Brahman, denn diese Silbe ist das Höchste. Wer sie begriffen hat, erreicht jeglichen Wunsch. Sie ist die beste Stütze. Wer sie begriffen hat, wird erhöht in Brahmans Welt.«[21]

Das Mantra *Soham* (»Ich bin das«) symbolisiert den Zustand, in dem Shiva und Shakti eins geworden sind. Sah ist Shiva, der das höchste Selbst, das Absolute symbolisiert, und Aham Shakti, die für das Ichbewußtsein steht. Ziel dieses Ichbewußtseins, das seinen Ursprung im höchsten Selbst hat, ist es, sich mit dem Absoluten (Shiva) zu vereinigen.

Das Mantra *Soham,* das dem natürlichen Geräusch der Atmung entspricht, wird auch als die Wissenschaft vom Prana bezeichnet, die aller Atmung zugrunde liegt. Bereits in den *Upanishaden* wird auf die Bedeutung dieses Mantras hingewiesen:

»Der Atem fließt aus mit Aham und ein mit Sah. In jedem Lebewesen wiederholt sich das Mantra von Sah und Aham unablässig. Das Wissen um Hamsa-Soham ist eine große Wissenschaft, das Wissen um die Vollkommenheit. Keine Wissenschaft ist derjenigen von Soham vergleichbar, kein Japa dem Japa von Soham, keine verdienstvolle Tat der Wiederholung von Soham. Nichts war Soham gleich in der Vergangenheit, nichts wird ihm je in der Zukunft gleich sein. Kundalini-Shakti wirkt durch die Kraft des Sah und Aham, das sich vom Selbst nicht unterscheidet. Soham fließt durch Prana, und Prana fließt durch die Nervenstränge. Wer Befreiung sucht und von Soham nichts weiß, bemüht sich, seinen Hunger zu stillen, ohne etwas zu essen.«[22]

Es gibt unzählige Nirguna Mantras, auf die hier nicht weiter eingegangen werden kann. Jede Gottheit hat ihr *Bija,* das der Gläubige benutzt, um erwünschte Ziele zu erreichen. Mit Hilfe dieser Mantras sollen unliebsame Käfte abgewehrt, erzürnende Götter und Göttinnen gnädig gestimmt und die Einheit mit der Gottheit hergestellt werden.

Übung

»Wenn das ›Ich‹-Bewußtsein seine Idendifikation mit dem Körper aufgibt und sich statt dessen mit dem Selbst als Soham identifiziert, enthüllt sich das Höchste Wesen, reines Bewußtsein im Herzen. Der Geist gibt alle Gedanken und Vorstellungen auf und transzendiert seine Grenzen. Der Intellekt findet seinen festen Mittelpunkt im Absoluten Brahman.«[23]

Setzen Sie sich in den Meditationssitz auf den Boden. Achten Sie darauf, daß Ihr Rücken aufrecht und Ihr Becken entspannt ist, damit der Atem frei fließen kann. Die Spitze des Zeigefingers und die Daumenspitze berühren sich, die drei anderen

Finger bleiben ausgestreckt nebeneinander *(Jnana Mudra)*. Die Handrücken liegen auf den Knien.

Entspannen Sie Ihren gesamten Körper und atmen Sie locker und tief. Entspannen Sie Ihren Kopf, die Kopfhaut, die Stirn, die Augen, den Mund, die Wangen, die Ohren und den Hals. Ihr Nacken und die Schultermuskeln sind entspannt, ruhig und locker. Auch Ihre Arme und Hände sind völlig entspannt. Ihr Brustkorb ist entspannt und gibt der Atembewegung elastisch nach. Das Becken, die Oberschenkel, die Waden und die Füße sind entspannt und völlig ruhig. Sie sind so ruhig und bewegungslos wie eine Statue. Werden Sie sich jetzt Ihrer Atmung bewußt. Fühlen Sie, wie sich bei jeder Einatmung die Bauchdecke hebt und wie sie sich beim Ausatmen wieder senkt. Wenn nach dem Ausatmen ein Moment der Stille entsteht, so kosten Sie den Moment der Stille bewußt aus. *Lange Pause*

Ihre Atmung ist immer ruhiger geworden, und Sie fühlen, wie der Atem aus der Tiefe und Stille Ihres Wesens kommt. Synchronisieren Sie jetzt das Mantra Soham mit Ihrem Atem. Wenn Sie einatmen, sprechen Sie im Geiste die Silbe *So*, und wenn Sie ausatmen die Silbe *Ham*. Vermeiden Sie alle Assoziationen, alle Gedanken und Gefühle. Alles, was sich in Ihr Bewußtsein drängt, wird durch Soham (»Ich bin das«) ersetzt. Denken Sie vom Beginn der Einatmung bis zur Stille nach der Ausatmung nur *Soham*. Atmen Sie langsam und ruhig, ohne Willensanstrengung. Ihr Bewußtsein ist so von dem Mantra *Soham* erfüllt, daß kein Raum mehr für andere Gedanken bleibt. Bleiben Sie völlig entspannt, jedoch hellwach und sagen Sie sich im Geiste mit jedem Atemzug *Soham*. Mit der Silbe *So* strömt Ihr Atem vom Bauchnabel bis zum Hals, und mit *Ham* fließt er vom Hals zum Becken hinab. Führen Sie diese Übung einige Minuten lang aus.

Richten Sie Ihre Aufmerksamkeit jetzt völlig auf die Ausatmung. Beginnen Sie mit der Ausatmung, und sprechen Sie im Geiste die Silbe *Ham*. Wenn Sie einatmen, wiederholen Sie die Silbe *So*. Aus dem Mantra *Soham* wird jetzt das Mantra *Hamso*.

Mit der Silbe *Ham* fließt der Atem vom Hals bis zum Bauchnabel, und mit *So* steigt er vom Bauchnabel bis zum Hals. Konzentrieren Sie sich unablässig auf das Mantra *Hamso,* so daß keine Gedanken, Bilder oder Assoziationen in Ihr Bewußtsein dringen können.

Sollten Sie bei dieser Übung müde werden, kontrollieren Sie Ihre Haltung und vermeiden Sie jede Anspannung und Anstrengung. Wenn Sie das Mantra einmal ausgelassen haben, weil Ihre Gedanken abgeschweift sind, können Sie es beim nächsten Atemzug wieder aufnehmen. Schwindet das Mantra langsam dahin und fühlen Sie nur noch den Atem, so bedeutet dies, daß Sie ruhig geworden sind. Das Mantra ist dazu da, Ihren Geist zu zentrieren, und es schwindet häufig während der ruhigeren Meditationsphasen, in denen es nicht mehr gebraucht wird. Zu Beginn der Meditationsübung ist das Mantra jedoch eine große Hilfe, um zu vermeiden, daß man von Gedanken und Bildern überschwemmt wird. Sobald Sie merken, daß Sie abzuschweifen beginnen, kehren Sie wieder zu Ihrem Mantra *Soham* oder *Hamso* zurück. Diese Übung wird Sie sehr schnell zur Ruhe bringen; Sie werden die wohltuende Wirkung dieser Mantrameditation bereits nach einigen Minuten spüren.

Nada Yoga

Nada Yoga ist eine tantrische Technik, die den Yogi befähigen soll, sich der subtilen psychischen Töne bewußt zu werden, um mit dem höchsten Selbst in Verbindung zu treten. *Nada* wird mit »Klang« oder »Strom des Bewußtseins« übersetzt. Die Yogis sind der Ansicht, daß Gott zuerst den Klang schuf, aus dem dann die ganze Welt entstand. Aus diesem Grund wird der Gott Shiva in der hinduistischen Ikonographie häufig mit einer Trommel dargestellt, die den Urlaut symbolisiert, der alles Entstehen und Vergehen in Bewegung setzt. Der Ton wird in Indien mit dem Äther assoziiert, dem ersten der fünf Elemente.

Äther ist die durchdringende Manifestation der göttlichen Substanz, aus dem sich die anderen Elemente Luft, Feuer, Wasser und Erde entwickelt haben.

Nach einer hinduistischen Legende entstand *Nada,* der Klang, aus dem Zusammenspiel von Shiva (dem Transzendenten) und Shakti (der immanenten Natur). Aus dem ersten Ton entwickelte sich die Ursilbe *Om.* Dieser Urton, der die Verbindung zwischen der empirischen Daseinswelt und dem Bereich der transzendenten Erfahrung symbolisiert, öffnet unser Innerstes für die Schwingungen einer höheren Realität. Das Mantra *Om,* das alle Energien, die des Schöpfers (Brahma), die des Erhalters (Vishnu) und die des Zerstörers (Shiva) in sich trägt, stellt das höhere, allumfassende kosmische Bewußtsein in Form des Klanges dar.

Nach Ansicht der Yogis gibt es vier verschiedene *Nadas:* *Para Nada,* der transzendentale Laut, der nur in tiefster Versenkung *(Samadhi)* gehört werden kann; *Pashyanti,* der mentale Laut, der im Traum gehört wird, *Madhyama,* ein subtiler, kaum hörbarer Laut, der sich spontan im Innern äußert; *Bhaikhari,* ein Ton, der durch das Zusammenschlagen von zwei Objekten entsteht. Sprache und Musik gehören in diese Kategorie.

Für die Yogis liegt das Zentrum, in dem die subtilen Töne wahrgenommen werden, im Ajna Chakra, dem Zentrum zwischen den Augenbrauen.

In den Yogatexten wird empfohlen, Nada Yoga zwischen Mitternacht und zwei Uhr morgens an einem ruhigen Ort auszuführen, da man zu dieser Zeit besonders empfänglich für die subtilen inneren Geräusche sein soll.

Übung

Diese Übung wird im *Nada Anusandhana* Sitz (siehe Abbildung) durchgeführt.

Setzen Sie sich auf ein hohes Kissen oder eine zusammengerollte Wolldecke. Stellen Sie die Füße rechts und links von dieser Decke auf, und stützen Sie sich mit den Ellenbogen auf die Knie. Halten Sie mit den Daumen Ihre Ohren zu, und legen Sie die anderen Finger auf Ihren Schädel.

Atmen Sie dann tief ein, und wenn Sie ausatmen, summen Sie wie eine Biene. Halten Sie die Zähne etwas auseinander und den Mund geschlossen. Werden Sie sich der Vibration in Ihrem Kopf bewußt. Praktizieren Sie dieses Summen etwa fünf Minuten lang.

Hören Sie dann auf zu summen, und werden Sie sich eventueller Geräusche bewußt. Sie werden bemerken, daß ein gewisser Ton klarer wird. Fühlen Sie seine Intensität und Reinheit. Wenn Ihr Gehör bereits so gut entwickelt ist, werden Sie vielleicht einen anderen Ton im Hintergrund wahrnehmen. Lassen

Sie dann den ersten Ton fallen und konzentrieren Sie sich auf den zweiten. Falls Sie keinen Ton hören sollten, beunruhigen Sie sich nicht. Mit ein wenig Übung werden Sie sicherlich sehr schnell Fortschritte im Hören dieser Töne machen. Die Töne, die gehört werden, sind bei jedem Schüler verschieden. Es können Glockentöne sein, Vogelgesang, das Rauschen des Meeres und so weiter.

Übung für Fortgeschrittene

Setzen Sie sich in den Meditationssitz auf den Boden, und halten Sie während der Meditation Ihre Ohren mit den Daumen oder Zeigefingern zu.

Atmen Sie tief ein, und wenn Sie ausatmen, summen Sie wie eine Biene. Während Sie summen, beginnen Sie im Geiste das Mantra *Om* zu singen. Führen Sie diese Übung fünf Minuten lang aus. *Pause*

Hören Sie dann auf zu summen, und werden Sie sich der Töne bewußt, die sich spontan in Ihrem Innern manifestieren. Konzentrieren Sie sich auf den Ton, der am klarsten und reinsten ist. Hören Sie fünf Minuten lang auf diesen Ton. *Pause*

Wenn Sie im Hintergrund einen zweiten Ton wahrnehmen, lassen Sie den ersten Ton fallen und hören nur noch auf diesen. *Pause*

Legen Sie dann Ihre Hände auf die Knie, und bleiben Sie mit geschlossenen Augen noch einen Moment lang unbeweglich sitzen. Beobachten Sie, was sich in dem Bereich hinter Ihrer Stirn abspielt. *Pause*

Werden Sie sich jetzt wieder aller Geräusche bewußt, die von außen auf Sie eindringen. Werden Sie sich auch Ihres Körpers und Ihrer Atmung bewußt, atmen Sie dreimal tief durch, und rezitieren Sie das Mantra *Om*.

Lelihani Mudra

Bei dieser Mudra handelt es sich um die Nachahmung und Visualisation einiger symbolischer Handgesten.

Die mystischen Fingerstellungen, die eine große Rolle im indischen Tanz, im tantrischen Ritual und in der ganzen asiatischen Kunst spielen, symbolisieren bestimmte Bewußtseinszustände oder -vorgänge. Umgekehrt können diese Handgesten auch zu den Bewußtseinsvorgängen führen, die sie symbolisieren. In der hinduistischen und buddhistischen Kunst finden sich viele verschiedene symbolische Haltungen der Hände, die etwas über den Bewußtseinszustand der dargestellten Götter, Buddhas oder Bodhisattvas aussagen und gleichzeitig zur geistigen Beeinflussung der Meditierenden gedacht sind.

Übung

Anjali Mudra

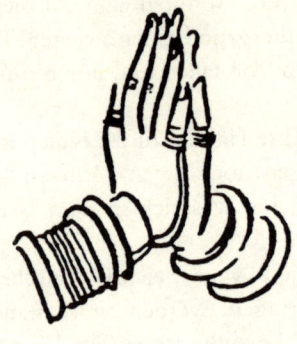

Im Hinduismus und Buddhismus benutzen die Gläubigen diese Geste, um ihre tiefste Verehrung zum Ausdruck zu bringen. Im Tantrismus symbolisiert *Anjali Mudra* die Vereinigung des weiblichen und männlichen Prinzips.

Setzen Sie sich so gerade und locker wie möglich in den Meditationssitz. Achten Sie darauf, daß Ihr Rücken ganz gerade ist. Falten Sie Ihre Hände so, daß sich die Fingerspitzen berühren und die Handflächen einen kleinen Hohlraum bilden. Betrachten Sie Ihre Hände einen Moment lang und schließen Sie dann die Augen. Versuchen Sie nun, im Geiste die Stellung Ihrer Hände nachzuzeichnen. Bleiben Sie für einen Moment unbeweglich sitzen, und konzentrieren Sie sich auf die Stellung Ihrer Hände.

Alapadma Mudra
(Die vollerblühte Lotosblüte)

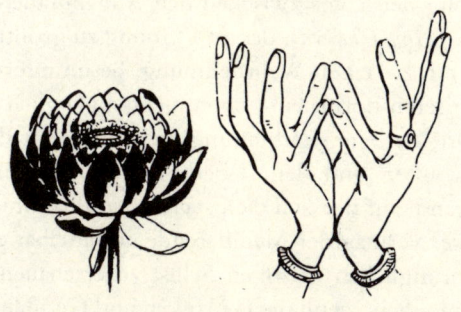

Der Lotos, der nicht nur ein Attribut vieler Götter und Göttinnen ist, sondern ihnen auch als Thron dient, symbolisiert die erleuchtete Seinsweise.

Setzen Sie sich in den Meditationssitz. Die Hände befinden sich in Brusthöhe, und die Finger sind gespreizt, wobei sich Daumen und kleine Finger berühren. Betrachten Sie Ihre Hände einen Moment lang, und schließen Sie dann die Augen. Visualisieren Sie nun im Geiste Ihre Hände. *Pause.* Stellen Sie sich vor, eine vollerblühte Lotosblume in den Händen zu halten. Betrachten Sie die Lotosblume ganz genau.

Variation

Die Hände sind vor der Brust zu *Alapadma Mudra* geformt. Atmen Sie tief ein, und strecken Sie Ihre Arme nach oben, so daß die Hände oberhalb des Kopfes sind. Bleiben Sie einen Moment lang unbeweglich sitzen, und visualisieren Sie die zur Lotosblüte geformten Hände oberhalb Ihres Kopfes.

Chidaksha Dharana

Chidaksha Dharana ist eine Technik der reinen Visualisation, bei der es um bewußtes »Nach-innen-Schauen« geht. *Chidaksha* heißt wörtlich übersetzt »Raum des Bewußtseins« und liegt nach Meinung der Yogis zwischen den Augenbrauen im sechsten Chakra *(Ajna Chakra)*, dessen Öffnung zu größtmöglicher Intuition und zu einer Wahrnehmung bestimmter Bereiche führt, die unseren normalen Sinnen nicht zugänglich sind.

Dieser Ort, der eine Verbindung zwischen dem Bewußten, dem Unbewußten und dem Überbewußten herstellt, gleicht einer Leinwand, auf der sich die psychischen Phänomene manifestieren. Hier vermag der Meditierende unmittelbar etwas von seinem ursprünglichen geistigen Selbst zu erschauen. Dies ist jedoch nur möglich, wenn die Gedanken und Gefühle zur Ruhe gekommen sind. Im Yoga werden diese Gedanken- und Gefühlsbewegungen oft mit den Wellen eines Sees verglichen, durch deren ständige Bewegung der Grund nicht erkennbar ist. Erst wenn sich die Wellen des unruhigen Gemüts durch Konzentration geglättet haben, können wir den Grund sehen, und uns in unserer wahren Natur erkennen. In diesem Moment identifizieren wir uns nicht mit den jeweiligen Gedanken, Gefühlen und ihren Objekten, sondern bleiben ein Zuschauer, der das Schauspiel der Gedanken- und Gefühlsbewegungen mit Abstand betrachtet.

Für einen harmonischen Fortschritt in der Meditation ist es besonders wichtig, daß nichts verdrängt wird, sondern daß man alles so registriert, wie es ist. Es kommt darauf an, daß der Meditierende auf jegliche Regung des Geistes achtet. Achtsamkeit, die im Buddhismus als *Sati* bezeichnet wird, bedeutet jedoch mehr als einfach aufmerksam zu sein. *Sati* ist ein langes Beibehalten der Geistesgegenwart. Meditation bedeutet, hellwach und geistesgegenwärtig zu sein und jeden Gedanken oder jedes Gefühl wahrzunehmen, nicht um zu sagen, sie seien richtig oder falsch, sondern um sie einfach zu beobachten und ihnen nachzugeben.

Bei dieser Betrachtung beginnt der Meditierende nicht nur, alle Regungen des Denkens und Fühlens zu verstehen, sondern sie auch »psychisch geschehen zu lassen«. Durch das Geschehenlassen, das Tun im Nichttun, wird die Ichbewußtheit, das Beteiligtsein des Ichs zugunsten einer völlig anderen Präsens aufgehoben. Es ist dies jene Verfassung, in der das Ich zurücktritt und der Mensch durchlässig wird für sein tieferes Sein.

Übung

Setzen Sie sich so gerade und locker wie möglich in den Meditationssitz. Schließen Sie die Augen. Ihr Rücken ist ganz aufrecht, und die Hände liegen locker auf den Knien. Lassen Sie alle Verspannungen in Ihrem Körper los. Prüfen Sie, ob Ihr Gesicht, Ihr Nacken, der Rücken und das Becken völlig entspannt sind. Falls noch Spannungen in Ihrem Körper vorhanden sein sollten, versuchen Sie, diese mit dem Ausatmen abzugeben. *Pause*

Werden Sie sich jetzt Ihrer natürlichen Atmung bewußt. *Pause*

Versuchen Sie nicht, Ihren Atem zu beeinflussen. Lassen Sie die Einatmung frei zu, und erwarten Sie den Zeitpunkt der Ausatmung. Mit jeder Ausatmung fühlen Sie, wie Kopf und Schultern immer freier werden und Sie mehr und mehr in Ihrem Becken verankert sind. Fühlen Sie, wie Sie vom Boden getragen und gestützt werden.

Lenken Sie Ihre Aufmerksamkeit jetzt ganz bewußt auf Geräusche und Reize, die von außen auf Sie einwirken. Alle Geräusche werden bewußt von Ihnen wahrgenommen. *Pause*

Werden Sie den Geräuschen gegenüber mehr und mehr gleichgültig, lenken Sie Ihre Aufmerksamkeit nach innen und beobachten Sie, was sich in Ihrem Denk- und Erlebnisraum abspielt. Lassen Sie alle Gedanken und Gefühle wie Wellen an sich vorüberziehen. Vermeiden Sie jedoch, die auftauchenden Gedanken zu interpretieren oder weiterzuführen. *Pause*

Versuchen Sie jetzt, mit der Ausatmung die Bilder, Gedanken, Erinnerungen oder Gefühle abzugeben. Mit jeder Ausatmung lassen Sie alles Denken, Fühlen und Wollen los, bis sich langsam Ruhe einstellt. Bleiben Sie jedoch immer hellwach, und halten Sie Ausschau, ob noch Gedanken, Gefühle oder Erinnerungen in Ihrem Bewußtsein auftauchen. Je ruhiger Ihre Gedanken werden, desto ruhiger wird auch Ihr Atem. Sie werden immer ruhiger, immer ruhiger. Keine Gedanken oder Gefühle können die Ruhe, die Sie umgibt, mehr stören. Sie sind ganz ruhig, ganz ruhig, ganz ruhig.

Werden Sie sich der Stille in Ihrem Körper und Geist bewußt. Lenken Sie Ihr Bewußtsein jetzt auf den Punkt zwischen den Augenbrauen, und beobachten Sie ganz genau, was sich in diesem Bereich abspielt. Bleiben Sie hellwach, um ganz genau zu erfahren und wahrzunehmen, was in Ihrem Bewußtsein, in Ihrem bewußten Sein vorgeht.

Zunächst werden Sie wahrscheinlich nur Dunkelheit wahrnehmen. Betrachten Sie diese Dunkelheit ganz bewußt, und prüfen Sie, ob sie tiefschwarz, grau oder noch heller ist. Vielleicht sehen Sie auch andere Farben oder sogar Bilder. Versuchen Sie jedoch nicht, etwas Bestimmtes zu sehen oder sich etwas vorzustellen. Auch sollten Sie alle Ideen und Assoziationen, die zu diesem Schauen auftauchen, vermeiden. Schauen Sie ohne Willensanspannung und frei von Vorstellungen mitten in das, was innerlich vor Ihnen liegt. Schauen Sie tief in diese Dunkelheit oder, wenn es heller wird, in dieses Licht hinein, und nehmen Sie alles ganz intensiv wahr. *Lange Pause (10 bis 15 Minuten)*

Visualisieren Sie nun die Silbe *Om* in dem Punkt zwischen den beiden Augenbrauen. Stellen Sie sich die Form und die Farbe der Silbe vor. *Pause*

Atmen Sie jetzt dreimal hintereinander tief ein und aus, und rezitieren Sie beim Ausatmen die Silbe *Om.*

Entspannen Sie dann Ihre Augen, die Augenlider und die Muskeln um die Augen, und kommen Sie langsam wieder ins Tagesbewußtsein zurück. Nehmen Sie wieder bewußt alle Geräusche von außen wahr, werden Sie sich Ihres gesamten Körpers bewußt, und öffnen Sie dann die Augen.

Die Meditation ist beendet.

Antar Mauna

Antar Mauna (innere Ruhe) ist eine Übung, die zu innerer Ruhe führt. Dies geschieht durch Kontrolle beziehungsweise Reinigung der Tätigkeiten des Unbewußten *(Vasanas)*. Für den Yogi ist das Unbewußte der Sammelplatz aller Handlungen und Intentionen, die egoistisch, das heißt von dem »Durst nach der Frucht«, von dem Verlangen nach Sättigung beherrscht sind. Diese unterschwelligen Kräfte bedingen den spezifischen Charakter eines jeden Menschen, und zwar in Übereinstimmung sowohl mit dem Ererbten als auch mit der karmischen Situation des einzelnen. *Antar Mauna* wird von den Yogis als eine Methode betrachtet, diese Kräfte nicht nur zu erkennen, sondern sie auch zu beherrschen beziehungsweise zu verbrennen.

> »Die Verbrennung dieser unterschwelligen Zustände, von der Yoga spricht, bedeutet in der Tat, daß das Selbst (Purusa) sich vom Fluß des psychischen Leidens losmacht.«[24]

Durch das Bewußtwerden der Gedanken und Gefühlsbewegungen und das bewußte Abstandnehmen unseres Ichs von diesen Vorgängen läßt der Andrang der psychischen Bewegungen langsam nach, und es entsteht eine innere Ruhe *(Antar Mauna)*.

Es kommt bei dieser Übung darauf an, keine Gefühle und Gedanken abzuwehren, auch wenn sie negativ sind. Werden sie verdrängt, dann geben wir ihnen die Kraft, unser Leben zu lenken. Unerwünschte Gefühle und Gedanken verschwinden nicht, wenn wir sie unterdrücken, sondern bleiben in uns und kommen auf Umwegen immer wieder zurück, oft bis zur Unkenntlichkeit getarnt. Alle Impulse, Gefühle und Bedürfnisse, die nicht abgeschlossen sind, bleiben unterschwellig weiter in uns bestehen und erzeugen einen Druck, der unser Erleben der Gegenwart im »Hier und Jetzt« behindert. Durch die Unterdrückung seiner Gefühle wird der Mensch unfähig, die Realität zu erleben und psychisch zu reifen. Das Akzeptieren der Gefühle, Empfindungen und Bedürfnisse ist eine Voraussetzung, um in Kontakt mit unserem wirklichen Selbst zu gelangen. Das erreichen wir aber nur, wenn wir lernen, darauf zu achten, was wir wirklich in unserem Innern fühlen, empfinden, denken, wünschen und verabscheuen.

Nach Ansicht des Tantrismus liegt in jedem Augenblick unseres Lebens, in jedem Gefühl, Gedanken und in jeder Handlung eine tiefe Wahrheit verborgen, die zu persönlicher Freiheit führen kann. Dem Tantriker geht es darum, herauszufinden, was sich in unserem Bewußtsein abspielt. Nicht durch Gedankenkontrolle finden wir zur Freiheit, sondern im Entdecken unserer Gedanken und Gefühle, die sich von einem Augenblick zum nächsten wandeln.

»Gedankenkontrolle ist nicht wichtig, vielmehr kommt es darauf an, herauszufinden, womit sich unser Denken vorzugsweise beschäftigt. Unser Ich ist ein Bündel widerstrebender Tendenzen, und Konzentration oder Gedankenzucht besteht ganz einfach darin, einer dieser Denkrichtungen das Übergewicht über die anderen zu verschaffen. Gedankenzucht ist also ihrem Wesen nach eine Unterdrückung unerwünschter Gedankengänge, wo aber Unterdrückung herrscht, gibt es kein Innewerden. Ein in Zucht gehaltener Geist ist kein freier Geist; Freiheit ist aber unerläßlich, wenn wir auf Entdeckungen aus sind. Wir müssen unbefangen sein, wenn wir die Regungen unseres Ichs aufspüren wollen, gleichgültig welchen Rang sie einnehmen. Es ist unerläßlich, daß wir diese geheimsten Regungen bloßlegen und ihrer ganz bewußt innewerden, obwohl wir dabei zuweilen unerfreuliche Entdeckungen in Kauf nehmen müssen.«[25]

Übung

Erste Phase: Beobachtung des Körpers

Setzen Sie sich so gerade und locker wie möglich in den Meditationssitz. Achten Sie darauf, daß Ihr Rücken ganz aufrecht ist. Versuchen Sie, Ihren Körper in allen Einzelheiten wahrzunehmen. Nehmen Sie die Stellung Ihres Kopfes wahr, Ihres rechten Armes, Ihres linken Armes, Ihres rechten Beines und Ihres linken Beines. Lenken Sie Ihre Aufmerksamkeit auf die Bauchgegend, und werden Sie sich Ihres Bauches bewußt. Fühlen Sie seine Energie. Visualisieren Sie Ihre rechte Schulter und Ihre linke Schulter. Ihre Schultern sind völlig entspannt und locker. Nehmen Sie die Stellung Ihres Rückens wahr, und prüfen Sie, ob er wirklich völlig aufrecht und bewegungslos ist. Visualisieren Sie Ihre Brust, und werden Sie sich ihrer Bewegung bewußt. Wenn Sie einatmen, hebt sie sich ein wenig, und wenn Sie ausatmen, senkt sie sich wieder. Werden Sie sich Ihres Gesäßes bewußt, und fühlen Sie den Kontakt Ihres Gesäßes mit dem Boden. Fühlen Sie, wie Sie vom Boden getragen werden. Werden Sie sich Ihres gesamten Körpers bewußt, der so bewegungslos und aufrecht ist, als wollten Sie mit dem Gesäß die Erde eindrücken und mit dem Kopf den Himmel einstoßen.

Zweite Phase: Wahrnehmung der Geräusche

Werden Sie sich jetzt aller Geräusche bewußt, die von außen auf Sie eindringen. Nehmen Sie sie in allen Einzelheiten wahr. Versuchen Sie jedoch nicht, sie zu analysieren oder sich mit ihnen zu identifizieren. Werden Sie den Geräuschen gegenüber allmählich mehr und mehr gleichgültig.

Dritte Phase: Bewußtwerdung des Atems

Werden Sie sich Ihrer natürlichen Atmung bewußt. *Pause*
Versuchen Sie nicht, Ihre Atmung zu verändern. Die Atmung ist natürlich und selbstvergessen, ohne Zwang, ohne Anstrengung.

Lenken Sie Ihre Aufmerksamkeit auf die Bauchgegend, und spüren Sie, wie sich Ihr Bauchnabel bei jeder Atmung hebt und senkt. Wenn Sie einatmen, hebt sich der Bauchnabel, und wenn Sie ausatmen, senkt er sich wieder. *Pause*

Lenken Sie Ihre Aufmerksamkeit dann auf die Brustgegend. Ihre Brust hebt sich bei jeder Einatmung, und sie senkt sich mit jeder Ausatmung. Werden Sie sich dessen bewußt. *Pause*

Lenken Sie Ihre Aufmerksamkeit auf die Halsgegend. Werden Sie sich des auf- und absteigenden Atems bewußt. Beim Einatmen steigt er auf und beim Ausatmen ab. *Pause*

Vierte Phase: Beobachtung der psychischen Phänomene

Lenken Sie Ihre Aufmerksamkeit mehr und mehr nach innen, und werden Sie sich aller Gedanken, Gefühle und Erinnerungen bewußt, die spontan auftauchen. Nehmen Sie hellwach wahr, was in Ihr inneres Blickfeld tritt. Lassen Sie alle Gedanken, Bilder, Ideen, Erinnerungen, Gefühle und Empfindungen, auch wenn sie negativ sind, wie einen Film ablaufen. Beobachten Sie alles, was an Ihnen vorüberzieht, ganz genau. *Pause (1 Minute)*

Versuchen Sie nun langsam, sich mehr und mehr von allen Gedanken- und Gefühlsbewegungen zu distanzieren. Schauen Sie sie einfach nur wie ein Zuschauer an, und identifizieren Sie sich nicht mit ihnen. Vermeiden Sie jegliche Willensanstrengung und Wertung. Bleiben Sie entspannt, losgelöst und hellwach.

Es kann natürlich auch sein, daß Sie nicht viel oder gar nichts wahrnehmen. In diesem Fall sollten Sie noch intensiver schauen, um zu erfahren, was sich in Ihrem Denk- und Erlebnisraum abspielt. Vielleicht handelt es sich um Gedankenfetzen, die sich, kaum bewußt geworden, wie Nebel auflösen. Um sich dieser subtilen Vorgänge bewußt zu werden, müssen Sie hellwach und geistesgegenwärtig bleiben. *Pause (1 Minute)*

Fünfte Phase: Fassen eines ganz bestimmten Gedankens

Wählen Sie jetzt einen Gedanken, mit dem Sie sich näher beschäftigen wollen. Bleiben Sie nur bei diesem Gedanken, und lassen Sie alle anderen spontanen Gedanken, die dazwischenkommen, fallen. Sobald Ihnen ein anderer Gedanke bewußt wird, lassen Sie diesen mit der nächsten Ausatmung los.

Wenn Ihnen kein bestimmter Gedanke kommt, können Sie auch ein Objekt wählen, das Sie sich ganz genau betrachten. Sie können auch den heutigen Tag vom Morgen bis zum jetzigen Zeitpunkt oder zurück zum Morgen noch einmal durchdenken. Vergegenwärtigen Sie sich dabei nur die wesentlichsten Situationen, die dieser Tag mit sich brachte. *Pause (1 Minute)*

Sechste Phase: Wahrnehmung und willentliches Unterbrechen der Gedanken

Lassen Sie den Gedanken, den Sie gewählt haben, jetzt wieder fallen, und werden Sie sich wieder der spontanen Gedanken, Bilder, Erinnerungen und so weiter bewußt. Schauen Sie ihnen wieder neugierig zu, ohne einzugreifen oder zu werten. Lassen Sie diese Gedanken jedoch nach einer Weile bewußt fallen. So-

115

bald Ihnen ein Gedanke, ein Bild, eine Erinnerung oder Empfindung bewußt wird, lassen Sie diese mit der nächsten Ausatmung los. Lassen Sie nach einer Weile die spontanen Gedanken wieder zu, und bestimmen Sie selber, wann Sie sie wieder fallen lassen wollen. *Pause (1 Minute)*

Siebente Phase: Verwerfung aller Gedanken

In dieser Phase sollen alle Gedanken und Gefühle sofort verworfen werden. Tauchen irgendwelche Eindrücke im Bewußtsein auf, so sollen sie sofort mit dem Ausatmen abgegeben werden. Das bewußte Loslassen aller bisher erfahrenen Bewußtseinsinhalte erschließt Ihnen den Zugang zu einem tieferen Erleben. Sollten bestimmte Gedanken oder Gefühle immer wiederkehren, so sagen Sie sich im Geiste: »Dieses Gefühl oder dieser Gedanke gehört nicht zu mir.« Versuchen Sie, das Gefühl der Leere zu erleben.

Trataka

Trataka (fixiert schauen) ist eine Technik, die den Yogis zur »Aufhebung der Gedankenwirbel« dient.

Die Aufhebung der Gedankenwirbel ist als Stille und Ruhe des Geistes, der nicht mehr durch tausend Äußerlichkeiten abgelenkt wird, zu verstehen. Geistesstille heißt auch, daß der Geist auf das Wesentliche hört und das Unwesentliche beiseite schiebt. Das Schauen auf einen ganz bestimmten Gegenstand führt den Übenden Schritt für Schritt dazu, daß sein Denken sich ordnet und auf einen Punkt ausgerichtet ist, bis es schließlich versiegt. Die Einsgerichtetheit oder Einspitzigkeit *(Ekagrata)* des Denkens wird dazu benutzt, das Bewußtsein selbst zu fokussieren, also in einem Punkt zu sammeln, ähnlich wie eine Linse benutzt wird, um ein bestimmtes Objekt in Fokus zu bringen.

Für die meisten Menschen ist es nützlich, sich auf nur ein Objekt zu konzentrieren, um sich von der Vielheit der Objekte und Sinneseindrücke zu befreien. Sobald dies gelungen ist, kann das Objekt fallengelassen werden, sofern es nicht von selbst verschwindet. Wenn der Meditierende nämlich mit ihm eins geworden ist, verliert es seinen Objektcharakter. Auf diese Weise wird der Zustand intuitiver Empfängnisbereitschaft erreicht, in dem wir Formen, Objekten, Zielen oder Absichten nicht mehr verhaftet sind.

Durch die Konzentration auf ein Objekt verwandelt sich das chaotische Bewußtsein, das von allen Arten momentaner Objekte und Illusionen erregt ist, in ein zentriertes, harmonisches Bewußtsein.

Konzentration auf das Kerzenlicht

Stellen Sie eine brennende Kerze etwa ein bis zwei Meter vor sich auf einen niedrigen Tisch. Die Flamme sollte in Augenhöhe sein. Setzen Sie sich dann so locker wie möglich in den Meditationssitz. Ihre Hände liegen locker auf den Knien, und Ihr Rücken ist ganz aufrecht. Werden Sie sich Ihres ganzen Rückens bewußt, und erfühlen Sie, ob noch verspannte Stellen vorhanden sind. Wenn Sie sich verspannter Stellen bewußt werden, lassen Sie diese Spannungen mit der Ausatmung los.

Halten Sie sich nicht in den Schultern fest, sondern lassen Sie sich mit jeder Ausatmung mehr und mehr im Beckenbereich nieder. Atmen Sie immer durch die Nase ein, und spüren Sie, wie sich Ihr Bauch mit der Einatmung langsam wölbt. Lassen Sie die Luft in die Lungen einströmen, und wenn die Rippen gespreizt sind, heben Sie das Schlüsselbein an, um noch mehr Luft in die Lungen strömen zu lassen. Ihr Hals und Ihr Gesicht sind ganz locker. Atmen Sie dann ruhig und regelmäßig aus, und fühlen Sie, wie der Atem vom Schlüsselbein in den Beckenraum strömt und wie sich die Bauchwand immer mehr zusammenzieht. Wiederholen Sie diese Tiefenatmung einige Male. *Pause*

Werden Sie sich Ihres Kopfes bewußt. Entspannen Sie Ihren Kopf. Entspannen Sie die Augen, die Augenlider und die Muskeln um die Augen. Entspannen Sie Ihre Wangen, den Mund, das Kinn und den Hals. Ihr Brustkorb ist entspannt und gibt der Atembewegung elastisch nach. Ihr Nacken, die Schultern und der Rücken sind ganz locker. Werden Sie sich Ihres Atems bewußt, und erleben Sie ihn in jeder Einzelheit. Konzentrieren Sie sich auf die beiden Phasen der Ein- und Ausatmung, so daß kein Raum mehr für andere Gedanken und Gefühle bleibt. Lassen Sie den Atem so frei wie möglich ausschwingen und lassen Sie ihn einströmen. *Pause*

Ihre Atmung wird immer ruhiger. Fühlen Sie die Ruhe in Ihrer Leibesmitte. Alle Muskeln und Nerven sind völlig ruhig. Beobachten Sie jetzt, was sich in Ihrem Erlebnisraum abspielt. Dringen alle möglichen Gefühle, Gedanken oder Bilder ins Bewußtsein, so lassen Sie mit jeder Ausatmung all diese Gefühle oder Gedanken fallen. Langsam werden Sie merken, wie der Ansturm der Gedanken mehr und mehr nachläßt und ein Gefühl der Ruhe entsteht. Sie sind ganz ruhig, ganz ruhig. Sagen Sie sich im Geiste »Ich bin Ruhe, ich bin Ruhe, ich bin Ruhe«. Hören Sie auf das Geräusch Ihrer Atmung: *So-Ham*.

Öffnen Sie jetzt die Augen, und schauen Sie auf das Licht der brennenden Kerze. Schauen Sie so lange, bis sich der Reflex des Augenschließens nicht mehr verhindern läßt. Schließen Sie dann die Augen, und nehmen Sie das Nachbild der Kerze wahr. Ihr Blick ist auf den Punkt zwischen den Augenbrauen gerichtet. Das innere Schauen der Kerze ist zunächst noch rein physiologisch erklärbar: Sie sehen das Nachbild der Kerze auf der Netzhaut. Dieses Nachbild kann jedoch allmählich einer inneren Wahrnehmung von Licht weichen.

Diese innere Helligkeit ist dann kein Sinneseindruck mehr, sondern eine mentale Wahrnehmung. Versuchen Sie, dieses Licht im Zentrum zwischen den Augenbrauen zu sehen. Sollten

Ihre Gedanken in andere Richtungen abschweifen, dann rufen Sie sie zur Ordnung, und konzentrieren Sie sich wieder auf das Licht der brennenden Kerze. Sollten Sie Schwierigkeiten haben, das Licht zu visualisieren, können Sie Ihre Augen wieder öffnen, um es dann erneut vor Ihrem geistigen Auge zu sehen. Versuchen Sie jedoch eine Minute lang, die Flamme zwischen den Augenbrauen zu visualisieren. Entspannen Sie dann Ihre Augen, die Augenlider und die Muskeln um die Augen herum, und öffnen Sie die Augen.

Die Meditation ist beendet.

Visualisation der Symbole

Die Tantriker bedienen sich einer Anzahl von Symbolen, mit deren Hilfe sie in die untersten Ebenen des Bewußtseins, die dem begrifflichen Denken nicht zugänglich sind, eindringen. Aus diesem Grund kommt den Symbolen eine wichtige Bedeutung zu. Zu diesen Symbolen gehören Mandalas, Yantras, Mantras und die ikonographisch dargestellten Gottheiten, die dem Tantriker als geistige Stütze für die Visualisation und Identifikation *(Ahamkara)* dienen.

Mandalas sind kreisförmige oder vieleckige Darstellungen, die die Einheit des Kosmos abbilden. In ihrer immer gleichartigen Aufteilung sind sie ein allgemein verbindliches Symbol für die Integration von Gegensätzen, die hier zu einer Einheit verschmolzen sind. Die Grundstruktur des buddhistischen Mandalas, das ein unentbehrlicher Bestandteil der tantrischen Weltanschauung und Kontemplationspraxis ist, besteht aus drei äußeren Kreisen, einem quadratischen Gebäude mit vier Eingängen und einem zentralen Lotos.

Der erste Kreis symbolisiert die Flammen, die es dem Nichteingeweihten verbieten, ins Innere des Mandalas vorzudringen. Der zweite Kreis symbolisiert den Diamantgürtel, der dem Schüler die Kraft verleiht, die ihn zur Erleuchtung führen soll.

Der dritte Kreis symbolisiert die acht Formen des Bewußtseins: Geruchssinn, Tastsinn, Gehör, Sehen, Geschmack, Intelligenz und individuelles Bewußtsein. Durchschreitet der Meditierende diesen Kreis, läßt er alle Wahrnehmungen, die ihn mit der Welt verbinden, hinter sich. Der vierte Kreis symbolisiert die absolute Reinheit des Bewußtseins, die spirituelle Neugeburt des Meditierenden. Im Zentrum dieser mystischen Kreise befindet sich ein quadratisches Gebäude, das einen Palast darstellt, in dem sich die Gottheiten aufhalten. Die Lotosblume im Inneren des Palastes ist ein Symbol für den Erleuchtungsgeist. Wer diese Mitte durch Konzentration auf das Mandala verwirklicht hat, hat die Mitte seines Selbst gefunden und fühlt sich zugleich eins mit der kosmischen Welt.

Mandala

Als Grundlage für alle buddhistischen Mandalas dient das Schema der fünf Meditationsbuddhas, die in kreisförmiger Anordnung allein oder mit ihren Partnerinnen in mystischer Umarmung dargestellt werden. Diese fünf Buddhas unterscheiden sich ikonographisch durch die ihnen zugeordneten Himmelsrichtungen, durch symbolische Körperfarben, Handgesten, Attribute, Weisheiten, Keimsilben und Elemente. Durch Identifikation mit diesen kosmischen Buddhas vermag der Tantriker die spirituelle Einheit seines Bewußtseins zu erlangen, die zu Erleuchtung und Befreiung führt. Durch den vollkommenen, harmonischen Aufbau des Mandalas erkennt er, daß die Buddhas verschiedene Aspekte seiner selbst reflektieren und betrachtet sich selbst und alle anderen Wesen als Buddhas. Durch die bewußtseinsverwandelnde Kraft des Mandalas tritt der Meditierende selbst in den Kreis und wird zu der dort dargestellten Gottheit.

Die fünf Meditationsbuddhas mit ihren Shaktis im Mandala. Im Zentrum sitzen Vairochana mit Vajradharvishvari, im Westen Amitabha mit Pandara, im Norden Amoghasiddhi mit Tara, im Osten Akshobhya mit Locana und im Süden Ratnasambhava mit Mamaki.

Bei den Yantras handelt es sich um magische Diagramme, die bestimmte Gottheiten oder deren Energien verkörpern. Im allgemeinen sind die Yantras schlichte graphische Bilder, die keine kosmologischen Orientierungen haben wie die Mandalas. Die Yantras, die kreative Darstellungen des Göttlichen, des Unergründlichen, des Absoluten sind, dienen dem hinduistischen Tantriker als Instrument, mit dessen Hilfe er das Bewußtsein von der Außenwelt abziehen und in die innere Welt lenken kann, um so die Grenzen des normalen Bewußtseinszustands zu überschreiten.

Die hinduistischen Tantriker kombinieren das Yantra stets mit einem Mantra, um die visuellen und verbalen Zentren der beiden Hirnhemisphären gleichzeitig anzusprechen. Während das Yantra, das in Beziehung zum konkreten bildhaften Denken steht, die rechte Hirnhemisphäre anspricht, spricht das Mantra aufgrund seiner Beziehung zum abstrakten, logischen Denken die linke Hemisphäre an. Die Verbindung von Yantra und Mantra hilft dem Meditierenden, einen höheren Bewußtseinszustand zu erreichen, in dem das individuelle mit dem kosmischen Sein verschmilzt.

Hinduistisches Yantra

Neben den Mandalas und den Yantras bieten die Tantras eine unendliche Fülle von Göttergestalten, denen in den Texten bestimmte Eigenschaften und kosmische Kräfte zugeschrieben werden, in deren Besitz sich der Meditierende durch betrachtende Konzentration *(Dharana)* und Identifikation *(Ahamkara)* zu bringen versucht. Die völlige Identifikation mit dem Bild einer Gottheit bedeutet für den Tantriker, daß er selbst das göttliche Vorbild wird. So ist er darum bemüht, sich im Prozeß der Identifikation mit den Eigenschaften der Gottheit anzureichern, um sich auf die der Gottheit entsprechende höhere Ebene zu erheben. Visualisiert der Yogi beispielsweise Avalokiteshvara, den Bodhisattva des Mitgefühls, vermag er die Kräfte des Mitgefühls, die in ihm selbst latent vorhanden sind, zum Leben zu erwecken und in die von ihm gewünschte Richtung zu lenken.

In vielen tantrischen Texten werden die Gottheiten nur noch durch Mantras repräsentiert, aus denen durch eigene Geisteskraft ein Bild der Gottheit zu entwickeln ist. So drückt das Mantra OM MANI PADME HUM die Wesensnatur Avalokiteshvaras aus. OM MANI PADME HUM wird gewöhnlich mit »Heil dir, Juwel im Lotos« übersetzt. OM und HUM drücken die Totalität aus, und mit Juwel ist das Absolute gemeint, das vom Lotos, also von der Reinheit des Avalokiteshvara umschlossen ist.

Der Yogi vermag die äußere Form der Mantras in solch lebhaften Farben zu visualisieren, daß die Buchstaben in strahlende Symbole verwandelt werden, deren Leuchtkraft alle Täuschungen wegbrennt, die den innersten Geist verdecken. Die Intensität der Visualisation und das Gefühl der Ehrfurcht, das der Yogi diesen Silben entgegenbringt, verleiht ihnen eine Macht, die weit über ihren Bedeutungsgehalt hinausreicht.

Diese für den westlichen Menschen etwas befremdlich anmutende Visualisationsübung hat eine ausgesprochen positive Wirkung, die sich, ohne daß man gleich die »Buddhaschaft« erlangt, im Alltagsleben bemerkbar macht. Durch die Konzentration *(Dharana)* auf solche Bilder befreit sich der Meditierende von den Fesseln des zerstreuten Denkens. Die Schärfe der Konzentrationsfähigkeit, die sich auch auf andere Tätigkeiten übertragen läßt, nimmt zu, und der Geist bleibt frisch und entspannt.

Die Visualisierungen mit Hilfe des Shunyata Symbols *Ah* und des Mantras *Om* sind ohne weiteres auch für den westlichen Menschen geeignet. Durch die Vorstellung dieser Silben vermag der Meditierende gleichzeitig sein Sehvermögen, sein Gedächtnis, seine Konzentrationsfähigkeit und sein seelisches Gleichgewicht zu beeinflussen.

OM MANI PADME HUM

Übung

Stellen Sie eine der im Buch beiliegenden Karten in einer Entfernung von einem halben Meter auf einen niedrigen Tisch. Sie können sie selbstverständlich auch an die Wand heften. Wählen Sie die Entfernung so, wie es für Ihre Augen am angenehmsten ist. Entfernen Sie alle Gegenstände in unmittelbarer Entfernung, und setzen Sie sich dann in den Meditationssitz. Ihre Hände liegen auf den Knien.

Lassen Sie Ihre Augen auf der auf der Karte dargestellten Silbe ruhen. Versuchen Sie nicht, darüber nachzudenken, was

OM

AH

sie bedeutet, sondern schauen Sie sie einfach an. Vermeiden Sie es zu starren, lassen Sie Ihre Augen spontan umherschweifen. Betrachten Sie das Bild für einen Moment, und wenn Sie glauben, daß Sie es sich gut eingeprägt haben, schließen Sie die Augen.

Versuchen Sie nun, sich die Silbe vor Ihrem geistigen Auge vorzustellen. Sollte Ihnen dies nicht sofort gelingen, können Sie die Augen wieder öffnen, um sich die Silbe noch einmal zu betrachten. Schließen Sie die Augen dann erneut und öffnen Sie sie erst wieder, wenn das Bild verblaßt ist oder wenn Sie müde geworden sind. Nach einiger Übungszeit können Sie auch versuchen, sich das Bild verkleinert beziehungsweise vergrößert vorzustellen.

Entspannen Sie dann Ihre Augen, die Augenlider, die Muskeln um die Augen und die Augäpfel. Drehen Sie Ihren Kopf mehrere Male im Kreis, um auch die Nackenmuskeln zu entspannen.

Die Übung ist beendet.

Visualisation der Farben

Die Tantriker legen großen Wert auf die Visualisation der Farben, die bedeutend für das innere Gleichgewicht sind. Jede Farbe wirkt direkt auf die Körperchemie ein und hat einen besonderen Magnetismus, der unbewußt bestimmte Reaktionen der Nerven und der Psyche hervorruft. Der Tantriker bedient sich der unendlichen Nuancen der Farben zur Freude der Sinne, um Aufmerksamkeit hervorzurufen oder um einen gewissen Geisteszustand entstehen zu lassen. Jede Farbe hat ihre eigene Bedeutung und übt ihren eigenen Einfluß aus.

Weiß als Farbe der Reinheit, der Klarheit und der Transparenz schließt alle anderen Farben ein und nimmt sie auf. Sie spiegelt die Einheit wider, von der die Grundfarben ausgehen und die unendliche Vielheit der Nuancen, die die Natur beleben.

Schwarz ist die Antithese zu Weiß, die Farbe der natürlichen Dualität. Sie symbolisiert das Dunkle, die Nacht und den Tod.

Rot ist die Farbe des Feuers, der Liebe und der Leidenschaft. Die Meditation auf Rot hilft, die Urinstinkte zu bezwingen. Eine Ablehnung von Rot geht oft Hand in Hand mit einer Ermattung der Psyche, einem Mangel an Vitalkraft oder dem Verlust sexueller Antriebskraft.

Orange symbolisiert die Intuition, die heitere Freude und die Enthüllung der göttlichen Liebe. Bei bewußter Anwendung kann sie das Gemüt aufheitern und die Seele erfreuen.

Gelb, die Farbe des Goldes oder des Sonnenlichts, symbolisiert die Standhaftigkeit und die Weisheit. Gelb gehört zu den Farben, die optimistisch machen, die Intelligenz schärfen und zur geistigen Aktivität anregen. Die Ablehnung dieser Farbe weist meistens auf den Wunsch nach Isolation oder Veränderung hin.

Braun als Symbol der Erde, der Urkräfte des Lebens, hat eine stabilisierende Wirkung auf den gesamten Organismus. Wer Braun ablehnt, betrachtet körperliches und sinnliches Wohlbefinden als Schwäche.

Blau, die Farbe des Himmels, des Meeres und des offenen Raums, symbolisiert die Klarheit. Es ist eine Farbe, die entspannend auf das Nervensystem wirkt. Blau symbolisiert auch die Ewigkeit, die unendliche Ruhe, die Zärtlichkeit und die Liebe zum Leben. Die Ablehnung dieser Farbe weist auf Angst hin, auf eine tiefe Rastlosigkeit und auf ein Unbefriedigtsein in den Beziehungen zu anderen.

Grün als Symbol der lebendigen Natur und der Regeneration gehört zu den beruhigendsten Farben. Die Farbe Grün bewirkt eine echte Gehirnerfrischung und hat einen ausgleichenden Einfluß auf Körper und Geist. Wer Grün ablehnt, leidet meist unter nervlichen Spannungen und körperlichem Unbehagen.

Silber repräsentiert den Mond und den Wunsch nach Erkenntnis.

Gold repräsentiert die Sonne und das Wissen.

Violett symbolisiert die Herrschaft über sich selbst und stimuliert die Fähigkeiten der Seele. Diese Farbe stärkt die Abwehrkräfte und erhöht die Aufnahmebereitschaft.

Rosa ist das Symbol der Liebe, der Weisheit und der göttlichen Rede. Es ist die Farbe, die mit dem Herzen assoziiert wird und die eine Schutzwand gegen eindringende dunkle Elemente bildet.

Übung

Setzen Sie sich in den Meditationssitz und führen Sie, bevor Sie mit der Visualisation beginnen, einige Atem- und Entspannungsübungen aus. Schließen Sie die Augen, und atmen Sie langsam und gründlich ein. Halten Sie dann den Atem an, und schließen Sie mit den Daumen die Ohren, mit den Zeigefingern die Augen, mit den Mittelfingern die Nasenlöcher und mit den Ring- und den kleinen Fingern den Mund. Bleiben Sie einen Moment in dieser Stellung, nehmen Sie dann Ihre Finger vom Gesicht, und atmen Sie aus. Wiederholen Sie diese Übung *(Yoni Mudra)* einige Male, und entspannen Sie dann Ihre Augen, die Augenlider und die Muskeln um die Augen.

Visualisieren Sie jetzt das Zimmer, in dem Sie sich befinden. Stellen Sie sich die Wände, die Decke, den Boden, die Möbel und die Objekte, die sich in Ihrem Zimmer befinden, vor Ihrem geistigen Auge vor. *Pause*

Sehen Sie jetzt, wie sich das Zimmer langsam in ein helles Rosa verwandelt. Die Decke, der Boden, die Wände und alle Objekte sind in Rosa getaucht. Stellen Sie sich nun auch vor, wie ein rosafarbenes Licht Ihren Körper umhüllt. *Pause*

Langsam verwandelt sich das rosa Licht in ein blaues, und Sie sehen, wie alles um Sie herum in tiefes Blau gehüllt ist. Die Wände, die Decke, der Boden, die Möbel, alles um Sie herum ist in tiefes Blau gehüllt. Das Blau umgibt jetzt auch Ihren Körper. Sehen Sie das blaue Licht, das Ihren Körper umhüllt. *Pause*

128

Das Blau, das Sie umhüllt, verwandelt sich in ein frisches Grün. Versuchen Sie, dieses Grün, das Ihren Körper umgibt, zu visualisieren. Alles ist in Grün getaucht, das ganze Zimmer. Es ist, als ob das Zimmer von grünen Lampen beleuchtet würde. *Pause*

Sie sehen jetzt nicht mehr die Farbe Grün, sondern Orange. Die Wände, die Decke, der Boden sind in Orange getaucht. Um sich herum nehmen Sie ein oranges Licht wahr, das sich mehr und mehr ausbreitet. Alles um Sie herum ist in Orange getaucht. *Pause*

Die Farbe Orange verwandelt sich in die Farbe Rot, und Sie sehen, wie sich die Wände, die Decke und der Boden in Rot verwandeln. Auch Sie selbst sind von einem roten Licht umgeben. Nehmen Sie die Farbe Rot intensiv wahr. *Pause*

Das rote Licht verwandelt sich langsam in ein goldenes Licht. Stellen Sie sich ein goldenes Licht über Ihrem Kopf vor. Bleiben Sie mit Ihrer Aufmerksamkeit bei dem Leuchten und spüren Sie, wie die Strahlen oben aus Ihrem Kopf kommen.

Richten Sie Ihre Aufmerksamkeit jetzt auf das Halszentrum, und stellen Sie sich ein goldenes Leuchten vor, das von dieser Gegend ausstrahlt.

Gehen Sie mit Ihrer Aufmerksamkeit hinunter zu Ihrem Brustzentrum, und stellen Sie sich vor, wie das goldene Licht von der Mitte Ihrer Brust Strahlen aussendet.

Lenken Sie dann Ihre Aufmerksamkeit auf das Nabelzentrum, und visualisieren Sie, wie das goldene Licht die ganze Körpermitte umschließt.

Ihr ganzer Körper ist von Licht umgeben. Fühlen Sie, wie die Lichtenergie ihre Strahlen immer mehr ausbreitet. Alles um Sie herum wird von diesem goldenen Licht beleuchtet.

Nehmen Sie jetzt Ihre Umgebung und sich selbst wieder in den gewohnten Farben wahr. Öffnen Sie dann die Augen.

Die Meditation ist beendet.

Tibetische Meditation

Die folgende Meditationsübung basiert auf einem Text, der von Tsong-kha-pa, einem buddhistischen Mönch aus Tibet, verfaßt wurde, der von 1357 bis 1419 lebte. Dieser Text, der als »Stufenweg zur Erleuchtung« bezeichnet wird, entstammt einem umfangreichen Werk, das sich in drei Bücher gliedert. Kennzeichnend für Tsong-kha-pa ist, daß er alle yogischen und mystischen Erfahrungen der Kritik und der Urteilskraft eines philosophisch geschulten Denkens unterwarf.

Das Wesentliche dieser Meditation besteht darin, die Grenzen zwischen sich und anderen auszulöschen, ohne Rücksicht darauf, ob die anderen einem sehr lieb, gleichgültig oder feindlich gesinnt sind. Die meditativen Übungen des Mitleidens, des Mitfreuens und des Gleichmuts zielen darauf, alle Menschen gleich zu behandeln und auf diese Weise alle persönlichen Sympathien und Antipathien zu verlieren.

Die Idee des Mitgefühls kam im Mahayana (Großes Fahrzeug) und im Vajrayana (Diamantfahrzeug) zu voller Blüte. Während das Hinayana (Kleines Fahrzeug) die Weisheit als höchste Tugend ansah und das Mitgefühl geringer schätzte, hatten beide Tugenden für die Anhänger des Mahayana und die Tantriker denselben Stellenwert. Ihrer Ansicht nach war der ideale Mensch ein Bodhisattva, ein Erleuchtungswesen, das nicht nur um seine eigene Buddhaschaft bemüht war, sondern auch Mittel und Wege suchte, um den verborgenen Samen der Erleuchtung in anderen zur Reife zu bringen. Ein Bodhisattva weiß, daß kein Individuum völlige Erleuchtung erlangt, solange nicht alle erleuchtet sind. Es kommt darauf an, das Glück bei uns selbst und bei anderen zuzulassen und zu fördern. Je glücklicher die Menschen um uns herum sind, desto glücklicher werden wir selbst sein.

Der Weg zur Erleuchtung besteht aus folgenden Stufen:

1. Das Wohl der anderen erstreben;
2. Die Grundlage für diese Geisteshaltung verwirklichen;
3. Gleichmut gegenüber allen Lebewesen üben;
4. eine freundliche Haltung allen gegenüber einnehmen;
5. die Entfaltung dieser Gesinnung;
6. die Meditation der Liebe;
7. die Meditation des Mitgefühls;
8. die wahre Meditation;
9. eine Gesinnung entwickeln, die die Erleuchtung anstrebt;
10. die Früchte dieses Übens.

Es folgt ein Auszug aus dem *Stufenweg zur Erleuchtung,* der von G. L. und E. K. Dargyay aus dem tibetischen Originaltext übersetzt wurde:

Zu 3:
»(Gleichmut gegenüber allen Lebewesen). Zuerst muß man den Gleichmut entfalten, weil nämlich keine ausgewogene Betrachtung entsteht, (sondern nur) eine Einseitigkeit entsteht, was immer man auch an Liebe und Mitleid entfalten mag, wenn man nicht einen gleichmütigen Sinn hervorgebracht hat, der verhindert, daß man einseitig einigen Wesen anhaftet, andere aber haßt.

Die (einzelnen) Schritte dieser Meditation: Wegen der Leichtigkeit stütze man sich zuerst in der Betrachtung auf eine neutrale (Person), die einem weder Schaden noch Nutzen zugefügt hat, beseitige (jegliches) Anhaften und Hassen und entfalte den Gleichmut. – Wenn man hierüber (das heißt über eine neutrale Person) die Gesinnung des Gleichmuts verwirklichte, dann verwirkliche man die Gesinnung des Gleichmuts in bezug auf Freunde und Verwandte. Hinsichtlich dieser ist nämlich der Geist nicht ausgeglichen, wenn man durch einseitiges Anhaften oder Hassen wie auch durch große und kleine Leidenschaften nicht ausgeglichen ist. – Wenn man hierüber (das heißt über Freunde und Verwandte) ausgeglichen ist, dann übe man Gleichmut in bezug auf die Feinde. Hinsichtlich dieser nämlich ist nicht ausgeglichen, (wer) schließlich sie als zuwider betrachtet und sie haßt. Wenn man hierüber ausgeglichen ist, dann entfalte man hinsichtlich aller Lebewesen eine gleichmütige Gesinnung.

Weil man Feind und Freund zur Grundlage dieser Betrachtung machte, muß man nicht den Gedanken ›Feind‹ und ›Freund‹ aufgeben, wohl aber muß man eine einseitige Gesinnung aufgeben, die das Feind- beziehungsweise Freundsein als Argument für Anhaften und Hassen nahm.«

Zu 4:

»(Eine freundliche Haltung allen Lebewesen gegenüber). Die Mutter-Meditation: Da die Wandelwelt anfangslos und daher die eigene Existenz ebenfalls anfangslos ist und Geburt und Tod aufeinanderfolgen, gibt es in der ganzen Wandelwelt nicht ein (Lebewesen), das einen gewissen Körper nicht (bereits einmal) angenommen hätte und das an einem gewissen Ort nicht bereits (einmal) geboren worden wäre. Und es gibt kein (Wesen), das nicht bereits uns nahegestanden hätte als unsere Mutter oder ähnliches. Ferner (bedenke man), daß (die Wesen) nicht nur früher unsere Mutter waren, sondern daß auch in Zukunft sie zahllose Male unsere Mutter sein werden. Hat man solches erwogen, trachte man danach, die Überzeugung, daß (alle Lebewesen) einmal die eigene Mutter waren, zu festigen. Wenn (diese Betrachtung) entfaltet wird, dann entsteht die ›Erinnerung der Güte‹ ganz leicht; entfaltet man (diese Betrachtung) nicht, dann ist die ›Erinnerung der Güte‹ und so weiter ohne Grundlage.

Die Meditation *Erinnerung der Güte*: Hat man betrachtet, daß alle Lebewesen (einmal bereits) die eigene Mutter waren, und beginnt man danach über die Mutter des gegenwärtigen Lebens zu meditieren, dann entfaltet sich (diese Betrachtung) schnell, wie (der tibetische Gelehrte) Po-to-ba sagt, und so übe man es.

Die Gestalt der (eigenen) Mutter stelle man sich vor, und man denke, daß sie nicht nur dieses Mal, sondern zahllose Male in der anfanglosen Wandelwelt meine Mutter gewesen ist; so denke man vielmals. Da sie Mutter war, schützte sie einen vor allem Übel und brachte alles Glück und Nützliche zustande. Vor allem in diesem Leben hat sie zuerst einen lange im Leib getragen und danach, als man geboren war, dieses Gelbflaumige (das heißt das Baby) mit ihrem Fleisch gewärmt; mit den zehn Fingern (preßte sie) ihre Milch in den Mund des Babys. Mit ihrem Mund reinigte sie Nase und Mund (des Kindes) von Rotz und Speichel; mit ihrer Hand reinigte sie es von allem Unreinen. Und während dieses Säuberns ernährte sie (das Kind) durch verschiedenerlei Methoden, ungeachtet der Härten. Wenn (das Kind) hungerte und dürstete, gab sie ihm zu essen und zu trinken; wenn es fror, gab sie ihm Kleider; wenn es arm war, gab sie ihm Kostbarkeiten, die sie nicht einfach gefunden hatte, sondern die sie unter Leid, übler Nachrede und mit der Erschöpfung ihres Fleisches erworben hatte. Wenn das Kind an einer Krankheit und ähnlichem litt, dann zöge sie es von ganzem Herzen vor, selbst zu sterben, ehe das Kind stürbe, lieber selbst krank zu werden, ehe das Kind erkrankte, lieber selbst zu leiden, ehe das Kind leide. Und so findet sie stets Wege, dieses (Übel) fortzunehmen. Kurz, mit Kraft und Verstand bewirkt sie, was immer zum Glück und Nutzen des Kindes ist, während sie Schaden und Leid von ihm abhält. Über diese Art und Weise (ihres Handelns) muß man ganz gesammelt nachdenken.

Wenn man so meditiert und die Erinnerung an die mütterliche Güte nicht nur in Worten hervorbringt, dann gilt es, den Vater und die eigenen Verwandten ebenfalls als Mutter zu betrachten und darüber zu meditieren. Danach muß man auch neutrale (Personen, die einem weder nahe- noch fernstehen) als Mutter erkennen und in bezug auf sie sich in dieser Betrachtung üben. Bringt man eine Gesinnung hervor, die diese (Neutralen) gleich den Verwandten erachtet, dann betrachte man auch die Feinde als gleich der eigenen Mutter und meditiere darüber. Hat man nun die Feinde gleich der eigenen Mutter erachtet, dann betrachte man alle Lebewesen der zehn Himmelsrichtungen, wie vorhin gesagt, als der eigenen Mutter gleich, und allmählich erweitere man (dieses Meditationsobjekt) und übe es.

Die Erwiderung ihrer Güte: Bloß weil man dieses gütige Wesen (das heißt die Mutter) aufgrund der Veränderung von Geburt und Tod nicht erkennt, sollte man die eigene gütige Mutter, die schutzlos dem Leid ausgesetzt ist, achtlos aufgeben und selbst nach der Befreiung aus der Wandelwelt streben? Dies wäre keine kleine Schändlichkeit! Wenn solches Verhalten nicht einmal dem Geringsten angemessen ist, wieviel weniger ist es der eigenen Art entsprechend! Solche Gedanken hat man zu betrachten, und man übernimmt die Last der Verpflichtung, die erfahrene Güte zu erwidern. Wenn man erwägt, wie man das Gute erwidern könne, dann erkennt man, daß die eigene Mutter fortwährend sich betrog, da sie meinte, sie hätte soviel an irdischem Glück erlangt. Wenn man denen, die ohnehin Leid erdulden, zusätzliches Leid zufügt, so ist dies, wie wenn man einem, dem bereits eine schlimme Wunde zugefügt worden war – nämlich durch die früheren Befleckungen, die gleich einem bösen Geist besessen machen –, weitere heftige Schmerzen zufügte, indem man Salz in seine Wunde streute. Man soll (vielmehr) das Gute erwidern und denken: ›Mögen alle, die in Liebe mir Gutes erwiesen haben, die Seligkeit des Nirvana erreichen!‹

Kurz, wenn man sich vorstellt, daß die eigene Mutter exaltiert, verrückt, blind und ohne Blindenführer, Schritt für Schritt stolpernd auf einen schrecklichen Abgrund zugeht, auf wen könnte die Mutter ihre Hoffnung setzen, wenn nicht auf den Sohn? Diese Mutter aus ihrer Angst zu befreien, wem käme dies zu, wenn nicht diesem Sohn? Darum muß sie befreit werden. So sind auch die Wesen, die unsere Mutter geworden waren und durch den bösen Geist der Befleckung in der Ausgewogenheit ihres Geistes gestört sind, gleichsam verrückt, da sie ihr Bewußtsein nicht bemeistern konnten. Es gebricht ihnen ja an Augen, um den Weg zur Befreiung wie auch zum weltlichen Glück zu erkennen, und sie haben keinen Blindenführer, nämlich keinen wahren Lehrer. Von Augenblick zu Augenblick fallen sie durch ihren üblen Wandel und berauscht von den üblen Genüssen zu Boden. Überlegt man, daß – wenn (der Sohn seine Mutter) auf den Abgrund der Wandelwelt und insbesondere auf den der üblen Daseinsformen zugehen sieht – diese Mutter sowohl auf den Sohn ihre Hoffnung setzt, auch der Sohn die Mutter herausführen will, dann übt man die ›Erwiderung der Güte‹ und will (alle Wesen) aus der Wandelwelt herausführen.«

Zu 5:

»(Die wirkliche Entfaltung dieser Gesinnung). Der zweite (Punkt), die wirkliche Entfaltung dieser Gesinnung (gliedert sich) in drei (Abschnitte):«

Zu 6:

»Die Meditation der Liebe: Als Objekt für die Liebes-(Meditation) dienen die Lebewesen, die des Glückes entbehren. Die Art und Weise (dieser Meditation) besteht in dem Gedanken: ›Wenn (die Wesen) glücklich wären, wie gut wäre das‹, in dem Gedanken ›Sie sollen glücklich werden‹ und in dem Gedanken ›(Ich) will sie glücklich machen‹. Das Verdienst (dieser Meditation): Es heißt, daß das Verdienst (dieser Meditation) viel größer sei, als wenn man die besten Gaben den höchsten Objekten der Verehrung unentwegt darbrachte. (Wer) diese Liebe hat, (den) lieben Götter wie Menschen, aus eigenem Antrieb scharen sie sich um ihn. Auch Buddha (Shakyamuni) besiegte die Scharen des Bösen durch die Kraft der Liebe, weshalb sie auch ein vorzüglicher Schutz ist. Auch wenn (diese Gesinnung) schwer zu entfalten ist, muß man sich ihrer befleißigen.

Die Stufen der Liebes-Meditation: Zuerst betrachte man die Verwandten und Freunde, dann die neutralen (Lebewesen) und danach die Feinde, um schließlich alle Lebewesen dementsprechend zu betrachten.

Die Art und Weise dieser Meditation: Gleich wie Mitleid entsteht, wenn man immer wieder bedenkt, wie sehr die Lebewesen unter dem Leid leiden, so bedenke man immer wieder, wie doch die Lebewesen des Glückes entbehren, da sie weder das weltlich-immanente, noch das transzendente Glück genießen. Wenn man sie in dieser Weise betrachtet, dann wünscht man von selbst, daß (die Wesen) Glück erfahren möchten; man stellt sich allerlei Glück vor und möchte es den Wesen zukommen lassen.«

Zu 7:

»Die Mitleids-Meditation: Das Objekt des Mitleids sind die Lebewesen, die jeweils an den drei Arten von Leid leiden. Die Art (besteht darin), daß man denkt ›Wenn sie doch nur frei vom Leid wären‹, ›Sie sollen frei vom Leid sein‹ und ›(Ich) werde sie vom Leid befreien‹.

Die Stufen dieser Meditation: Wie man vorhin Verwandte und Freunde, danach die neutralen Lebewesen und schließlich die Feinde (als Objekt der Liebes-Meditation) betrachtete, so betrachte man nun – wenn man nämlich auch gegen die Feinde eine ebenso gleichmütige Gesinnung eingenommen hat wie gegen Verwandte und Freunde – allmählich alle Lebewesen der zehn Himmelsrichtungen (als Objekt der Mitleids-Meditation).

Diese Meditation, nämlich Gleichmut, Liebe und Mitleid, in dieser Weise auf je ein einzelnes Objekt anzuwenden, ist von großer Bedeutung; sie wurde auch von dem Lehrer Kamalasila in Anlehnung an das Abhidharma-Sutra zusammengestellt. Löst man sie nicht in einzelne (Schritte) auf, sondern übt, die Betrachtung im allgemeinen, dann scheint zunächst zwar die Übung sich zu entfalten, aber wenn man über einzelne

(Fälle) nachdenkt, dann scheint sich nichts entfaltet zu haben, was immer es sei. Erfährt man jedoch die Ver änderung des Geistes bei jedem einzelnen (Schritt), wie vorher bereits erklärt wurde, dann kann man die einzelnen (Objekte der Betrachtung) vermehren, bis man schließlich sie insgesamt betrachtet; gleichgültig, ob man eine Ansammlung oder einzelne (Objekte der Meditation) betrachtet; (diese Gesinnung) wird sich rein entfalten.

Die Art und Weise dieser Meditation: Da doch alle Lebewesen, die einmal die eigene Mutter waren, in die Wandelwelt geraten sind, erwäge man, wie sie im allgemeinen und im einzelnen Leid erdulden. Was das Leid betrifft, so habe ich (seine Art) schon vorher erklärt. Ferner: einer, der vorher den Pfad eines mittelmäßig (motivierten) Lebewesens übte und ihn entfaltete, zieht aus der eigenen leidvollen (Erfahrung) den (rechten) Schluß. Indem er diesen betrachtet, entfaltet er die (Gesinnung) des Mitleids.

Erwägt man diese (Arten des Leidens), die auf einem selbst (lasten), dann führt dies zur Entfaltung des Gedankens der Weltentsagung; erwägt man, wie diese auf anderen (lasten), führt es zur Entfaltung von Mitleid. Erwägt man jedoch nicht zuerst, wie (das Leid) auf einem selbst (lastet), dann kann sich die (Gesinnung des Mitleids) nicht in ihrem Kern entfalten.«[26]

Übung

Setzen Sie sich so locker und bequem wie möglich in den Meditationssitz. Bevor Sie mit der Meditation beginnen, sollten Sie einige Entspannungs- und Atemübungen durchführen.

Erinnern Sie sich dann an eine Situation, in der Sie glücklich waren. Stellen Sie sich diese Situation bildlich vor. Werden Sie sich auch des Gefühls bewußt, das Sie in Verbindung mit der vergegenwärtigten Situation körperlich und geistig spüren. Verweilen Sie einen Moment bei dieser Erinnerung. *Pause*

Lassen Sie dann die Erinnerung fallen, verweilen Sie nur bei der vergegenwärtigten angenehmen Stimmung, und sagen Sie sich im Geiste: »Möge ich glücklich sein!«

Stellen Sie sich nun das Gesicht eines gütigen und liebenswerten Menschen vor, und versuchen Sie, das Bild dieser Person einen Moment lang vor Ihrem geistigen Auge zu sehen.

Vergegenwärtigen Sie sich auch das Gefühl, das Sie durch die Vorstellung der liebenswerten Person körperlich und geistig spüren. Sagen Sie sich im Geist: »Möge diese Person, so wie ich, glücklich sein!« *Pause*

Versuchen Sie nun Freundlichkeit allen Wesen gegenüber zu empfinden, egal ob sie Ihnen lieb, gleichgültig oder feindlich gegenüberstehen. Versuchen Sie, ein gemeinsames Charakteristikum aller Lebewesen zu finden. Stellen Sie alle Abneigungen und persönlichen Vorlieben zur Seite, und lassen Sie alle Unterschiede, die zwischen den einzelnen Menschen bestehen, für die Zeit der Meditation außer acht.

Werden Sie sich bewußt, daß alle Lebewesen, gleichgültig in welcher Beziehung sie zu Ihnen stehen, Schmerz und Freude genauso empfinden wie Sie. Alle Lebewesen wollen Leid vermeiden und ersehnen Glück. Freuen Sie sich über die glückliche Lage der anderen, und erheben Sie sich in einen Zustand des heiteren Mitgefühls. Sagen Sie sich im Geiste: »Mögen alle Wesen, ohne Ausnahme, glücklich, heiter und in Sicherheit leben!« *Pause*

Atmen Sie jetzt drei Mal hintereinander tief ein und aus, und rezitieren Sie beim Ausatmen das Mantra *Om*. Kommen Sie dann langsam wieder ins Tagesbewußtsein zurück, indem Sie sich Ihres gesamten Körpers bewußt werden.

Die Meditation ist beendet.

VI Phantasiereisen

Die Bedeutung der Phantasie

»Die Phantasie macht euch zu Göttern,
das Denken zu Menschen.«   Plotin

In unserer modernen, technisch durchorganisierten, nüchternen
und rationalen Welt, in der alles reibungslos und zeitsparend
funktionieren muß, droht die Phantasie mehr und mehr zu
verkümmern. »Sie ist eine geistige Kraft, die in fortschreiten-
dem Maße gefährdet ist. Unser Medien- oder Computerzeitalter
ist zwar auch das Produkt von Phantasie in Technik und Wissenschaft, aber es ähnelt dem Zauberlehrling im Faust. Es ver-
selbständigt sich etwas, das dem ursprünglichen Sinn entgegen-
wirkt. Es verkehrt sich zuungunsten des Menschen, zu dessen
Nutzen es ursprünglich konzipiert war.«[27]

Genießen, Nichtstun, Träumen, Luftschlösser bauen und
Phantasieren ist für viele Menschen, die der Ansicht sind, daß
sie ihre Zeit mit »nützlichen« Dingen verbringen sollten, eine
Zeitverschwendung. Sie vergessen, daß die Phantasie, deren
Wurzeln im irrationalen, emotionalen Bereich liegen, zu einem
wichtigen Teil des Menschen gehört. Wird die Phantasie nicht
als Flucht in die Illusion mißbraucht, sondern schöpferisch eingesetzt, stellt sie eine geistige Kraft dar, die bewußtseinserwei-
ternd wirkt. »Sie hilft dadurch bei der Bewältigung des Alltags.
Lösungen für Konflikte und Probleme lassen sich mit ihr besser
finden. Durch Phantasie können ein- und festgefahrene Sicht-
und Verhaltensmuster aufgelöst werden, es können andere, an-
gemessenere an ihre Stelle treten. Die Phantasie gleicht einem
Prisma, das viele Facetten und Farben zerlegt und wieder zu
neuen Bildern zusammenfügt.«[28]

Ohne Phantasie, die im Widerspruch zu jeder Art von Zwängen, zum rein Sachlichen steht und einen Ausgleich zur Monotonie des Alltags schafft, bleibt das Leben begrenzt. »Die Phantasie ermöglicht Grenzüberschreitungen. Die Angst davor läßt viele Menschen in ihrer Begrenztheit weiterleben, -leiden. ›Spießbürgerlichkeit‹ kann man mit dem Zustand der Phantasielosigkeit kennzeichnen. Der ›Spießer‹ lebt von seinen gemachten Erfahrungen, sie sind Stützkorsett, sie schnüren die Luft, den Atem ein. Sein Denken wird nicht von Phantasie beflügelt.«[29]

Phantasievolle Menschen hingegen gewinnen aus vielen Situationen neue Anregungen und erleben ihren Alltag viel farbiger. Durch den Einfluß der Massenmedien ist vielen Menschen leider ein Teil ihrer sinnlichen Erfahrungen verlorengegangen, und ihre Phantasie ist verkümmert. Deshalb ist es für sie wohltuend und bereichernd, der Phantasie und Imagination freien Lauf zu lassen und sich für einige Zeit wie ein Kind oder ein Künstler zu fühlen, denen Abweichungen von gängigen Leistungsnormen und der Zugang zur Phantasie noch zuerkannt werden.

Bei den folgenden drei Übungen handelt es sich um reine Phantasiereisen, die eine Art von Bildmeditation sind, aus der der Meditierende Kraft und Energie zu schöpfen vermag. Der Zuhörer erlebt einen filmartigen Ablauf von Bildern, die nicht nur seine Phantasie und Erlebnisfähigkeit anregen, sondern auch einen tiefen Ruhe- und Erholungszustand herstellen. Durch die Reisen, die völlig subjektive Erfahrungen, Gedanken und Gefühle auslösen, kann auch die eigene Phantasie wieder verstärkt und die Erlebnisfähigkeit erweitert werden.

Die Insel

Stellen Sie sich vor, auf einem Boot zu sein, auf einem Boot mitten im Meer. Die Sonne scheint. Spüren Sie die Wärme der Sonnenstrahlen auf Ihrem gesamten Körper. Ihr Körper ist sehr warm. Die Wärme zieht durch Ihren gesamten Körper. Ein leichter Wind weht über Ihre Stirn. Ihre Stirn ist angenehm kühl. Ruhe durchströmt Sie. Sie sind ganz ruhig und entspannt. Sie fühlen sich wohl in Ihrer Haut.

Hören Sie das Meer, das ruhige und gleichmäßige Rauschen der Wellen. Spüren Sie, wie sich Ihr Atem dem gleichmäßigen Rauschen der Wellen anpaßt. Seien Sie sich Ihres Atems bewußt, der durch die beiden Nasenlöcher strömt. Wenn Sie einatmen, strömt die Luft herein, wenn Sie ausatmen, strömt sie wieder hinaus. Konzentrieren Sie sich auf Ihr rechtes Nasenloch. Spüren Sie, wie beim Einatmen die Luft hereindringt. Beim Ausatmen konzentrieren Sie sich auf Ihr linkes Nasenloch, und Sie spüren, wie der Atem hinausströmt.

Zählen Sie: 12: Sie atmen durch das linke Nasenloch ein, 12: Sie atmen durch das rechte Nasenloch aus, 11: Sie atmen links aus, 11: Sie atmen rechts ein. Zählen Sie weiter bis 0.

Ihr Atem ist ruhig und regelmäßig wie die Wellen des Meeres, die sich auf und ab bewegen.

Ihr Boot hat einen gläsernen Boden. Schauen Sie durch diesen gläsernen Boden, und Sie sehen eine glitzernde Unterwasserwelt mit Algen, Fischen, kleinen Fischen, großen Fischen, bunten Fischen, Korallen und Seeanemonen. Schauen Sie sich alles ganz genau an. *Lange Pause*

Hören Sie nun, wie die Wellen gegen das Boot klatschen. Hören Sie das Rauschen des Meeres. Sie sind weit weg von Ihrem Alltag und lassen sich einfach treiben. Spüren Sie Ihren Atem. Er ist ruhig und regelmäßig. Auch Ihr Herz schlägt ruhig und regelmäßig.

Das Meer ist ruhig wie ein gläserner Spiegel. Langsam richten Sie sich auf, und von Ihrem Boot aus sehen Sie eine Insel, eine grüne, blühende Insel. Von fern sehen Sie dunkelhäutige Menschen am Ufer. Sie nähern sich mit Ihrem Boot dem Ufer und sehen, wie Menschen Ihnen zuwinken.

Sie legen Ihr Boot an und steigen aus. Der Sand ist ganz warm, ganz warm. Spüren Sie die Wärme an Ihren nackten Fußsohlen. Das Blau des wolkenlosen Himmels ist hell, rein und durchsichtig. Vor Ihnen liegt ein saftiger Tropenwald mit blühenden Büschen, exotischen Pflanzen und vielen Kokospalmen, auf denen bunte Paradiesvögel und tellergroße Schmetterlinge sitzen. Hören Sie das Rauschen in den Kronen der Palmen, das Gezwitscher der Vögel und die Laute der Affen. Ganz lebendig ist der Dschungel. Im dunklen Schatten der Palmen sehen Sie da und dort einsame, runde Hütten aus Palmzweigen und Lehm. Dunkelhäutige nackte Kinder laufen Ihnen entgegen und begrüßen Sie. Sie freuen sich über die Begegnung, auch wenn sie nicht länger als ein paar Momente dauert.

Sie betreten einen kleinen Pfad, der durch Wiesen, Bananen- und Palmwälder steil in die Höhe führt. Sie erreichen den Gipfel und sehen eine kleine Hütte. Vor der Tür sitzt ein alter Mann auf einer Holzbank und blickt über seine grüne Welt hinaus. Er scheint dem Alltag völlig entrückt zu sein, so daß er Sie erst bemerkt, als Sie direkt vor ihm stehen. Sein feingeschnittenes Gesicht legt sich in hundert Falten aus Sonne und Lächeln. Er bittet Sie, sich hinzusetzen und sich auszuruhen. Sie sind etwas müde, die Glieder sind schwer, und Sie ruhen sich ein wenig neben dem alten Mann aus. Auch Sie sind dem Alltag völlig entrückt. Sie haben alle Sorgen hinter sich gelassen und spüren nur diese Ruhe. Sie fühlen sich warm, gelöst und ruhig. Ihr Atem geht ruhig und regelmäßig. *Lange Pause*

Die Zeit des Abschieds rückt heran. Sie danken ihm und versprechen ihm, ihn bald wieder zu besuchen.

Eng und steil führt Sie der Weg durch das Buschdickicht zum Strand zurück. Sie kommen in ein kleines Dorf. Schon von weitem hören Sie den ohrenbetäubenden Lärm der Steelbands. Hier tanzen die lachenden und farbenprächtig gekleideten Inselbewohner. Ein Feuerwerk aus Farben und Tanz. All diese Menschen haben die Mühen des Tages vergessen und leben nur im Hier und Jetzt. Auch Sie denken nicht an Morgen, sondern leben in diesem Augenblick.

Die Abenddämmerung fällt herab, langsam senkt sich die Sonne dem Meer entgegen. Sie setzen sich an den Strand und betrachten die untergehende Sonne, bis sie im Meer verschwunden ist. *Lange Pause*

Es ist Nacht geworden. Der weiße Sandstrand liegt im silbernen Licht des Vollmonds, der sich im völlig ruhigen Wasser spiegelt. Alles ist ganz ruhig und still. Langsam erheben sich die Fischer, die auf dem warmen Sand schliefen, und laufen zu ihren Booten, die aus Palmstämmen zusammengebunden sind. Hören Sie die rhythmischen Schläge ihrer Ruder auf der Wasseroberfläche. *Pause*

Bevor Sie mit Ihrem Boot die Insel wieder verlassen, nehmen Sie noch ein letztes Bad im Mondschein. Es ist, als würden Sie sich in ein warmes, weiches und schaukelndes Bett legen. Sie sind völlig entspannt und ruhig.

Werden Sie sich jetzt Ihres gesamten Körpers bewußt und lenken Sie Ihre Aufmerksamkeit auf Ihre natürliche Atmung. *Pause*

Atmen Sie dann einige Male tief durch und öffnen Sie dann Ihre Augen.

Die Meditation ist beendet.

Spaziergang durch Benares

Die folgende Reise führt den Meditierenden nach Benares, die heilige Stadt Indiens. Ein magischer Magnet des Glaubens ist diese Stadt für Millionen von Menschen, die von allen Orten Indiens hierher pilgern, um sich im heiligen Ganges von Sünden reinzuwaschen.

Übung

Stellen Sie sich vor, in einer fremden Stadt zu sein, einer Stadt, die der aufgehenden Sonne zugewandt ist. Es ist eine verwirrende Stadt, ein Durcheinander von Pavillons, Kuppeln, Veranden, Glockentürmen, Tempeln, Obelisken, Pagoden und Opferaltären. Tempel sind auf Pfählen oder auf Steinen im Wasser erbaut, mit grellen Farben bemalt, mit Teppichen und Stoffen geschmückt. Riesige Mauern, Reste von uralten Bauten, strecken ihre gewaltigen Arme in den Fluß vor. Andere, nicht weniger alte Mauern sind halb im Schlamm des Flusses versunken. Die Sonne geht auf, und Hunderte von Menschen begeben sich an den heiligen Fluß, den Ganges. Schauen Sie ihnen bei ihren rituellen Waschungen zu. *Pause*

Die Messinggefäße, die Krüge in den Händen der Badenden glitzern wie Gold. In diesen Gefäßen schöpfen sie das heilige Wasser und gießen es dann über ihre Körper. Rosenblätter, Blumengirlanden und Süßigkeiten werden dem Fluß dargebracht. Heilige sind tief in ihre Meditation versunken. Sie gleichen in ihrer Regungslosigkeit den Steinbildern. Eine Ruhe geht von diesen Heiligen aus, und auch Sie spüren diese Ruhe, die durch Ihren Körper strömt. Fühlen Sie inmitten des bunten Treibens eine unermeßliche Ruhe. Ihr Atem ist ganz ruhig und regelmäßig. Wenn Sie einatmen, hebt sich der Bauchnabel, und wenn Sie ausatmen, senkt er sich. Werden Sie sich Ihrer ruhigen und regelmäßigen Atmung bewußt. *Pause*

Inzwischen ist es am Fluß ruhiger geworden. Die Menschen haben den Fluß verlassen und sind in die Stadt zurückgekehrt.

Auch Sie verlassen den Fluß, um in die Stadt zu gehen. Die Sonne wirft ihre Strahlen in die engen Gassen. Ziellos wandern Sie in der Stadt umher. Sie weichen den Straßenhändlern aus, die mit schriller Stimme ihre Waren anpreisen. Unentwegt hören Sie das Klingeln der Fahrräder. Die Luft ist voll von orientalischen Düften, von Jasmin, Rosen und anderen schweren Parfums.

Die Stadt ist ein Gewimmel von sich windenden Gassen. In der Unmasse kleinster Läden bewundern Sie die Auslagen: Teppiche, blitzende Bronzen, kostbare Brokate und Seiden, Schmuck, Edelsteine, Ketten, Amulette und Heiligenbilder. Pilger bieten Räucherwerk, Sandelholz, Kupfertöpfe für das heilige Wasser, Rosenkränze, Öllampen und Opfergeräte an. Unzählige Affen spielen auf dem Boden, der mit Blumen bedeckt wie ein bunter Teppich aussieht. Blumen überall. An jeder Straßenecke, auf jeder Treppe und in jedem Winkel stehen spielzeuggroße Tempel und Heiligtümer. Überall sehen Sie das Lingam, die phallische Verkörperung des Gottes Shiva. Gekreisch von Affen, Schreie von Papageien, Glockenklänge und Tempelmusik vermischen sich mit dem Gesang der Menge.

Pause

Richten Sie Ihre Aufmerksamkeit jetzt auf den Punkt zwischen den Augenbrauen, und nehmen Sie an dieser Stelle das Tor eines Tempels wahr. Sie treten in das Innere dieses Tempels und sehen düster-nächtliche Räume, in denen viele einzelne Kerzen brennen. Überall sind Priester und Tempeldiener, die Ihnen weiße süß duftende Tempelblumen anbieten. Sie legen diese Blüten in verschiedene Nischen und vor verschiedene Bilder. Sie kommen an kleinen steinernen Löwen und vielen Lotosblumenbildern vorbei. Ganz hinten sehen Sie ein Licht. Es ist das Licht einer brennenden Kerze. Nähern Sie sich diesem Licht. Im Herzen der Flamme sehen Sie ein kleines goldenes Ei.

Pause

Verlassen Sie die Flamme, und kehren Sie wieder zum Tempeleingang zurück. Sie befinden sich jetzt wieder auf der Straße.

Es ist sehr heiß geworden, und Sie verlassen die Stadt. Ihr Weg führt Sie über staubige Straßen. Das grelle Licht der Mittagssonne blendet Sie. Unter einem Feigenbaum suchen Sie Schutz, um Ihren erhitzten Körper etwas abzukühlen. Nach einer kurzen Rast ziehen Sie weiter durch den schattigen Dschungel und gelangen schließlich zu einem See mit vielen Lotosblumen. Im Schatten eines Baumes bemerken Sie einen Yogi. Sie lassen sich neben ihn in den Sand fallen. Er wendet sein ruhiges Gesicht dem See zu und versinkt in den Zustand tiefer Meditation. Sein Gesicht ist so ruhig und bewegungslos wie der See, an dessen Ufer Sie sitzen. Sie werden sich mehr und mehr der erstaunlichen Ruhe des Yogi bewußt. Auch Sie durchströmt eine tiefe Ruhe. Ihr Atem wird immer ruhiger, fast geräuschlos. *Pause*

Sie blicken auf das tiefe Wasser des Sees und sind fasziniert von der Schönheit der Lotosblumen. Betrachten Sie eine Lotosblume näher, und stellen Sie sich vor, wie diese Lotosblume tief im Schlamm verwurzelt ist. Sehen Sie, wie sie durch das Wasser hindurch wächst und wie ihre Blüte auf dem Wasser ruht, ohne von ihm berührt zu werden. Der aufgeblühte Lotos gleicht einer Sonne, die nachts ihre Blütenblätter wieder schließt. Sehen Sie die Lotosblume vor sich, strahlend im Licht der Sonne. Vielleicht nehmen Sie sogar Ihren Duft wahr. *Lange Pause*

Werden Sie sich jetzt wieder Ihres Atems bewußt: *So-Ham*. Mit dem Laut *So* strömt der Atem in Ihre Nasenlöcher ein, und mit dem Laut *Ham* strömt er wieder hinaus. *So-Ham, So-Ham, So-Ham*. Atmen Sie noch einige Male tief durch und öffnen Sie dann die Augen.

Die Meditation ist beendet.

Reise durch die Wüste

Die folgende Phantasiereise soll dem Meditierenden helfen, seinem geistigen Führer, den er als Archetypus in sich hat, zu begegnen. Da es im Westen so gut wie keinen wahren Meister gibt, kommt es darauf an, das Leben als Lehrmeister zu erkennen. »Wer reif wird zum Weg und nach dem Meister verlangt, weil er der Führung bedarf, aber rings im Kreise niemanden findet, der seinem Anspruch entspricht, darf wissen, daß er den Meister als Archetypus in sich hat, sich selbst als inneren Meister. Hätte er ihn nicht, so könnte er auch den Meister draußen nicht finden. Selbst wenn er ihm begegnete, würde er ihn nicht erkennen. Der innere Meister ist man selbst als das unbewußt zur bewußten Verwirklichung drängende Potential des Menschen, der man sein könnte und sein sollte. Den inneren Menschen, das heißt dieses Potential zu spüren, zu erkennen und anzuerkennen, hat eine bestimmte Stufe der Entwicklung zur Voraussetzung.«[30]

Die Wanderung durch die Wüste eignet sich ausgezeichnet zur Kontaktaufnahme mit dem inneren Führer. Die Wüste ist der Ort, wo der Mensch nicht in menschlicher Gemeinschaft geborgen ist, sondern auf seine Winzigkeit und Ohnmacht zurückgeworfen wird. Sie ist jene Dimension unserer Existenz, wo wir alleine, verlassen und vielen Gefahren ausgeliefert sind. Das Schweigen der Wüste, ihre leblose Weite, der ausgetrocknete Boden – all das kann so deprimierend und beängstigend auf den Menschen wirken, daß er nicht nur vor der Landschaft, sondern am liebsten auch vor sich selbst davonlaufen möchte.

Die Wüste ist jedoch nicht nur lebensfeindlich und bedrohlich, sondern auch ein Ort der Kontemplation und Kommunikation mit sich selbst. Die Einsamkeit führt den Menschen zu sich selbst zurück. Angesichts der Eintönigkeit der Landschaft werden Phantasie, Kreativität und Kontemplation in ganz hohem Maße herausgefordert. Die Armut des äußeren Sehens wird durch den Reichtum des inneren Schauens kompensiert.

Die Wüste hält dem Menschen einen Spiegel seines tiefsten Wesens vor. Durch die Grenzenlosigkeit des Raumes wird er sich seiner unendlichen Freiheit bewußt. Durch sie lernt er, sich nicht von den Grenzen und Schranken einschließen zu lassen, sondern stets weiterzugehen, um Unbekanntes kennenzulernen. Die Wüste läßt die Sehnsucht nach wahrer Freiheit, nach Weite und Grenzenlosigkeit erwachen.

Dies mag ein Grund sein, warum viele Heilige, die eine besondere Sendung von Gott haben, zuvor in die Wüste ziehen müssen, um das Endliche im Lichte des Unendlichen neu zu verstehen und sich dem grenzenlosen Geheimnis der Weite und Ruhe zu überlassen. Die Wüste lehrt uns ein neues Sehen unseres Lebens, eine neue Einstellung zu uns selbst und zur Welt. Die Wüste ist der Ort, wo man sensibel wird für Zeichen. Alles, was in der Leere und Weite dieser Landschaft geschieht, nimmt Bedeutung an. Die Wüste lehrt uns, feinfühlig und hellhörig für die alltäglichen Dinge zu werden. Eine unvorhergesehene Hilfe, ein Regenguß, eine schöne Blume sind hier einprägsamer und ausdrucksvoller als anderswo.

In der Wüste, die auch für jeden von uns erfahrbare Gegenwart sein kann, wird der Mensch auf die Probe gestellt. Keinem wird der Weg durch seine Wüste erspart. Wenn wir »Wüste« in unserem Leben erfahren, wenn wir unter Einsamkeit und Erfolglosigkeit leiden, müssen wir uns fragen, ob wir uns der Verzweiflung und Resignation überlassen oder ob wir die Wüste als Chance und Aufgabe verstehen.

»Was ist meine Wüste? Erfolglosigkeit? – Krankheit? – Einsamkeit? – Trostlose Trockenheit des religiösen Lebens? – Depression? Keinem wird der Weg durch seine Wüste erspart. Jeder muß dazu bereit sein, sich in seiner Wüste aufzuhalten. Wer die Gunst Gottes will, seinen fruchtbaren Gnadentau, muß auch die Tränen der Wüste wollen.«

Julius Angershausen

Übung

Es ist früh am Morgen, und Sie befinden sich vor einem Nomadenzelt auf dem warmen Sand. Soweit Ihr Auge reicht, sehen
Sie nur weißen Sand. Sie fühlen sich wohl. Ruhe ist in Ihnen.
Ihr Atem ist ruhig und regelmäßig. Die Ruhe der Landschaft ist
so groß, daß Sie sie auch in sich fühlen. Sie sind ganz ruhig,
gelöst und entspannt. Kein Geräusch ist zu hören. Sie genießen
die wohltuende Stille. Die geringste Bewegung würde die Harmonie stören. Ihr Atem ist sehr ruhig und regelmäßig,. Bei
jeder Einatmung fühlen Sie, wie Ihre Brust sich hebt und bei
der Ausatmung fühlen Sie, wie Ihre Brust sich senkt. *So-Ham.*
Mit dem Laut *So* hebt sich die Brust, und mit *Ham* senkt sie sich
wieder.

Zählen Sie jetzt: 25: Sie atmen ein, und Ihre Brust hebt sich,
25: Sie atmen aus, und Ihre Brust senkt sich. 24: Sie atmen ein,
24: Sie atmen aus. Zählen Sie weiter bis 0. *Pause*

Hören Sie jetzt auf zu zählen. Sie sind ganz ruhig und voll-
kommen entspannt. – Sie sind umgeben von einem Sandmeer.
Wo Sie auch hinschauen, überall sehen Sie weiße Sanddünen.
Eine Wüste ohne Grenzen. Ihr Blick versinkt ins Grenzenlose.
Spüren Sie diese Weite. *Pause*

Sie verlassen Ihr Nomadenzelt und fahren mit dem Auto auf
schnurgerader Wüstenstraße durch hellen Sand in Richtung
Süden. Einzelne Menschen, Ziegenherden, Kamele und kleine
Dörfer fliegen an Ihnen vorbei wie Visionen. Endlos geht es
weiter gen Süden. Vor Ihnen tauchen Berge im warmen Azur-
blau auf. Sie fahren über diese Berge und wieder, soweit Ihr
Auge reicht, sehen Sie nur weißen Sand. Plötzlich hört die Piste
auf, und vor Ihnen liegt eine Sanddüne, die Sie nicht umfahren
können. Sie versuchen, auf diese Düne zu fahren, sinken aber
sofort in den Sand ein. Sie steigen aus Ihrem Auto und sind
völlig von der Glut der Sonne gepackt. Die Räder haben sich in
den Sand eingegraben, und Sie kommen nicht mehr von der
Stelle. Sie wissen, daß Sie allein nicht fähig sind, den Wagen aus

dem Sand zu holen. Was machen Sie? Warten Sie auf die Hilfe eines seltenen anderen Fahrzeugs, oder wagen Sie den Weg zu Fuß in die nächste Oase, um Hilfe zu holen? Urplötzlich fühlen Sie sich verlassen in der unendlichen Weite der Wüste. Solange Sie in Ihrem Auto einem Ziel entgegenfuhren, fühlten Sie sich sicher. Sie beschließen zu warten. Plötzlich zieht sich der Himmel zusammen, und ein gewaltiger Sandsturm kommt auf.

Sie steigen schnell in Ihr Auto. Sandkörner hageln auf Ihren Wagen und dringen durch alle Ritzen und Poren. Nach einer Weile hört der Sandsturm auf, und statt dessen erleben Sie das seltene Schauspiel von Regen. Regen in der Wüste. Die Schleusen des Himmels öffnen sich, und in riesigem Schwall kommt das Wasser herunter. Der Schauer dauert nicht lange, und Sie beschließen nun, nicht mehr auf Hilfe zu warten, sondern selbst den Weg in die nächste Oase zu finden. Von einer Piste oder von Spuren früherer Fahrzeuge ist nichts zu sehen.

Durch den Sandsturm sind alle Pisten zugeweht. Sie können nur Ihrem Kompaß und Ihrem Gefühl vertrauen. Sie gehen Richtung Süden. Sie haben den Eindruck, daß Sie trotz Marschierens nicht vom Fleck kommen, weil sich der Horizont in der flachen Wüste kaum verändert. Hinzu kommen Hitze, Durst und Müdigkeit. Sie haben das Gefühl, der Herausforderung der Wüste nicht gewachsen zu sein. Sie sind sich jedoch bewußt, daß Sie sich dieser Wüste stellen müssen, um in die Oase zu kommen.

Ihr Mund wird immer trockener, und die Lichtstrahlen werden immer unangenehmer. Zum Glück haben Sie in Ihrem Rucksack noch eine Wasserflasche. In einem Zug trinken Sie einen Liter Wasser aus. Sie gehen immer langsamer, die Häufigkeit der Pausen nimmt ständig zu. Nach einiger Zeit sehen Sie am Horizont das erste Grün. Sie sind beglückt und gehen auf dieses Grün zu. Beim Näherkommen bemerken Sie jedoch, daß es sich um eine Luftspiegelung handelt. Sie fühlen sich völlig leer und erschöpft und möchten sich am liebsten in den Sand werfen. Plötzlich sehen Sie in der Ferne eine Gestalt auf sich zukommen. Sie kommt immer näher, und allmählich erkennen Sie die Gestalt eines alten Mannes. Er kommt auf Sie zu und lächelt Sie an. Sie begrüßen sich und tauschen einige Worte aus. *Pause*

Er fragt Sie, ob er Sie in die nächste Oase begleiten darf. Sie trauen Ihren Ohren nicht. Plötzlich sieht die Wüste wieder freundlich aus, und Sie bemerken sogar einige Blumen um sich herum. Der alte Mann führt Sie über Sanddünen hinweg immer weiter gen Süden, bis Sie sich endlich der ersehnten Oase nähern. Jetzt ist es Zeit, sich von Ihrem Führer zu trennen. Sie verabschieden sich von ihm und bringen Ihre Wertschätzung zum Ausdruck. Wenn Sie wollen, können Sie ihm auch noch einige Fragen stellen. *Lange Pause*

Nachdem Sie sich von Ihrem Führer verabschiedet haben, gehen Sie geradewegs auf die Oase zu. Die Strahlen der Sonne lassen die Kronen der Palmen wie Stahl aufblitzen. Sie sind beglückt, endlich angekommen zu sein. Sie gehen durch diese Oase und betrachten alles ganz genau. Es herrscht ein Kommen und Gehen. Beladene Kamele schaukeln durch enge Gassen, verschleierte Frauen mit schwarzumrandeten Augen schreiten anmutig daher, Männer sitzen vor ihren Geschäften und führen endlose Gespräche. Über einer Mauer sehen Sie den Kopf eines Kamels. An den Mauern entlang führen liebliche, schattige und kühle Pfade.

Je tiefer Sie in die Oase kommen, desto höher werden die rauschenden Dattelpalmen. Sie biegen um die Ecke und stehen plötzlich vor einem großen blauen See mit einer reglosen, glatten Oberfläche, in dem sich die Dattelpalmen widerspiegeln. Frauen, in violette, smaragdgrüne, zitronengelde, himmelblaue, orange und rote Gewänder gehüllt, begeben sich zum Wasser. Mit Tonkrügen auf dem Kopf schreiten sie anmutig daher.

Sie ziehen weiter an lehmgrauen Hütten vorbei, durch ein dichtes, lärmendes Menschengewimmel. Ein Durcheinander von Typen und Trachten. Gesichter unter weißen Turbanen, Nomaden in erdigen Lumpengewändern mit Kapuzen ziehen an Ihnen vorüber. Von weitem sehen Sie die schlanken Minarette und die Kuppeln einer Moschee. Eine langsame, melancholische Stimme erhebt sich. Der Muezzin ruft zum Gebet. Mit bedächtigen Gesten treten die Männer auf die Straße, um zu beten.

Sie treten in den Hof der Moschee. Vor dem Brunnen stehen viele Menschen und führen ihre heiligen Waschungen durch. Sie streifen Ihre Schuhe ab und betreten das Innere der Moschee. Sie sind beeindruckt von der Pracht der Farben, den Teppichen, den Säulen, den Fenstern aus Mosaiken und den schmiedeeisernen Lampen an langen Ketten. Sie setzen sich auf den Boden. Der Teppich unter Ihnen ist ganz weich. Lassen Sie die Ruhe des Raumes auf sich wirken. Spüren Sie, wie die Ruhe Sie durchströmt. Sie danken Ihrem inneren Führer, daß er Sie hierher geleitet hat. Bleiben Sie noch einen Moment lang unbeweglich sitzen, und nehmen Sie dann langsam Kontakt mit der Außenwelt auf.

Die Meditation ist beendet.

Schluß

Der Tantrismus, der als direkter Pfad zur Erleuchtung verstanden wird, ist in abgewandelter Form auch für den westlichen Menschen von großem Gewinn. Seine Stärke liegt in seiner Anpassungsfähigkeit an andere Kulturen. Tantra als Philosophie umfaßt das ganze Leben. Nach Ansicht der Tantriker liegt in jedem Gefühl, in jedem Gedanken und in jeder Handlung eine tiefe und machtvolle Wahrheit, die, wenn sie mit klaren Augen betrachtet wird, zu persönlicher Freiheit führen kann.

Durch die tantrischen Übungen kann der Meditierende Zugang zu den verborgenen Seinsweisen finden, die als Schatten in ihm lebendig sind und danach drängen, in sein Leben integriert zu werden. Der Übende erhält Methoden in die Hand, mit denen er die Käfte seiner Persönlichkeit kennenlernen, sie harmonisieren und sammeln kann, um so Erfahrungen zu machen, die das gegenständliche Bewußtsein übersteigen. Nach der Lehre des Tantrismus soll der Übende über sein Bewußtsein hinausgehen und die ungelebten Möglichkeiten in sich zum Leben erwecken. Um dies zu erreichen, müssen Konditionierungen, intellektuelles Wissen und Dualitätsgedanken aufgegeben werden. Für den westlichen Geist, der so viel mehr als der östliche vom gegenständlichen Bewußtsein und seinen Ordnungen und Werten beherrscht ist, ist dies eine ungeheure Herausforderung.

»So spricht er allem, was sich noch nicht oder überhaupt nicht in diese Wirklichkeit einordnen läßt, die Wirklichkeit ab. Was immer ihn außerhalb des gegenständlich Feststellbaren bewegt, zum Beispiel im Gefühl oder im Glauben oder in einem unsagbaren, weil nur persönlichen Erleben, hat, solange es nicht gegenständlich fixiert und eingeordnet werden kann, keinen Anspruch auf Anerkennung.«[31]

Die tantrischen Meditationen, die mit Hilfe von Symbolen das Unbewußte ansprechen wollen und völlig subjektive Erfahrungen auslösen, können den westlichen Menschen vielleicht ein wenig von der Kopflastigkeit der modernen Zeit befreien, in der versucht wird, alles mit dem Verstand zu erklären. »Wir sind verkopft, leben nur durch unseren Computer und haben den Kontakt zu unserer körperlichen, und das heißt auch unserer gefühlsmäßigen Seite verloren.«[32] Mit der fortschreitenden Entpersönlichung des Lebens, durch die Überbewertung des Kopfes, des Bewußten gegenüber dem Unbewußten, verliert der Mensch das Gefühl für das Ganze. Selbstverwirklichung bedeutet jedoch die Integration unserer Polaritäten.

Der Tantriker strebt danach, durch einen intensiven Bewußtwerdungsprozeß die Zusammengehörigkeit allen Lebens in sich zu erfahren und die inneren Widersprüche zu transzendieren. Die Trennung von Individuum und Ganzem soll aufgehoben werden, damit der einzelne sich nicht mehr getrennt von anderen Menschen, von der Natur und vom Kosmos erfährt, sondern als eins mit allem, was lebt und existiert.

Anmerkungen

1 Dürckheim, Karlfried Graf: *Meditieren – Wozu und wie?*; Seite 74, 75
2 Ohazama, Sh., und Faust, A.: *Zen. Der lebendige Buddhismus in Japan*; Seite 62
3 Dalai Lama: *Das Auge einer neuen Achtsamkeit*; Seite 22, 23.
4 Kakar, Sudhir: *Schamanen, Heilige und Ärzte*; Seite 185, 186.
5 Carrington, Patricia: *Das große Buch der Meditation*; Seite 234.
6 Zitiert bei Anderson, Walt: *Das offene Geheimnis*; Seite 47, 48.
7 Zitiert bei Frýba, Mirko: *Anleitung zum Glücklichsein*; Seite 106.
8 Anderson a. a. O. Seite 70.
9 Kakar a. a. O. Seite 173, 174.
10 Dürckheim, Karlfried Graf: *Vom doppelten Ursprung des Menschen*; Seite 231.
11 Wallace, Alan B.: *Geshe Rabten*; Seite 166.
12 Wallace a. a. O. Seite 167.
13 Wallace a. a. O. Seite 170.
14 Wallace a. a. O. Seite 171.
15 Smedt, Marc de: *50 Techniken der Meditation*; Seite 260.
16 Dalai Lama a. a. O. Seite 25.
17 Dürckheim, Karlfried Graf: *Japan und die Kultur der Stille*; Seite 37, 38.
18 Zitiert bei Govinda, Anagarika Lama: *Der Weg der weißen Wolken*; Seite 23.
19 Zitiert bei Govinda a. a. O. Seite 431.
20 Zitiert bei Dürckheim, Karlfried Graf: *Erlebnis und Wandlung*; Seite 168, 169.
21 *Upanishaden*: Siehe Hillebrandt, Alfred; Seite 164.
22 Zitiert bei Muktananda Swami: *Das Mantra Soham*; Seite 32.
23 Zitiert bei Muktananda Swami a. a. O. Seite 33.
24 Eliade Mircea: *Yoga. Unsterblichkeit und Freiheit*; Seite 51.
25 Krishnamurti, Jiddu: *Leben*; Seite 78.
26 Zitiert bei Lobo, Rocqe: *Jahrbuch für Yoga*; Seite 122–127.
27 Müller, Else: *Auf der Silberstraße des Mondes*; Seite 29.
28 Müller, Else: a. a. O. Seite 31.
29 Müller Else a. a. O. Seite 28.
30 Dürckheim, Karlfried Graf: *Vom doppelten Ursprung des Menschen*; Seite 228, 229.
31 Dürckheim, Karlfried Graf: *Zen und wir*; Seite 25.
32 Schwäbisch, Lutz, und Siems, Martin: *Selbsterfahrung durch Meditation*; Seite 22.

Literaturverzeichnis

Anderson, Walt: *Das offene Geheimnis*; O. W. Barth Verlag, München, 1981.

Bernbaum, Edwin: *Der Weg nach Shambhala*; Bauer Verlag, Freiburg, 1988.

Bharati, Agehanda: *Die Tantra-Tradition*; Aurum Verlag, Freiburg, 1977.

Blofeld, John: *Der Weg zur Macht*; Ullstein Verlag, Frankfurt, Berlin, Wien, 1981.

Boeckel, Johannes F.: *Meditationspraxis*; Mosaik Verlag, München, 1977.

Boyes, Dennis: *Techniques mentales et spirituelles du Yoga*; Desclée de Brouwer, Paris, 1985.

Carrington, Patricia: *Das große Buch der Meditation*; *Scherz Verlag, Bern, München, Wien, 1983*.

Dalai Lama: Das Auge einer neuen Achtsamkeit; Goldmann Verlag, München, 1987.

Dargay, Eva: *The Rise of Esoteric Buddhism in Tibet*; Motilal Banarsidass, Dehli, 1977.

Dürckheim, Karlfried Graf: *Erlebnis und Wandlung*; Scherz Verlag, Bern, München, Wien, 1983.

Dürckheim, Karlfried Graf: *Japan und die Kultur der Stille*; Scherz Verlag, Bern, München, Wien, 1975.

Dürckheim, Karlfried Graf: *Meditieren – Wozu und wie?* Herder Verlag, Freiburg, 1973.

Dürckheim, Karlfried Graf: *Vom doppelten Ursprung des Menschen*; Herder Verlag, Freiburg, 1973.

Dürckheim, Karlfried Graf: *Zen und wir*; Scherz Verlag, Bern, München, Wien, 1982.

Eliade, Mircea: *Yoga. Unsterblichkeit und Freiheit*; Rascher Verlag, Zürich, 1960 (Rechte jetzt beim Insel Verlag Frankfurt), 1977 (1. Auflage).

Frýba, Mirko: *Anleitung zum Glücklichsein*; Bauer Verlag, Freiburg, 1987.

Govinda, Anagarika, Lama: *Der Weg der weißen Wolken*; Scherz Verlag, Bern, München, Wien, 1983 (8. Auflage).

Harf, Anneliese: *Yoga-Praxis*; Herder Verlag, Freiburg, 1978.

Hillebrandt, Alfred (Übersetzer): *Upanishaden*; Eugen Diederichs Verlag, Düsseldorf, Köln, 1958.

Johari, Harish: *Wege zum Tantra*; Bauer Verlag, Freiburg, 1987.

Kakar, Sudhir: *Schamanen, Heilige und Ärzte*; Biederstein Verlag, München, 1984.

Krishnamurti Jiddu: *Leben*; Fischer Taschenbuchverlag, Frankfurt, 1983.

Lysebeth, André van: *Die große Kraft des Atems*; Scherz Verlag, Bern, München, Wien, 1977 (3. Auflage).

Lobo, Rocqe: *Jahrbuch für Yoga*; Barth Verlag / Scherz Verlag, Bern, München, Wien, 1980.

Lounsbery, Constant: *La Méditation Bouddhique*; Adrien Maisonneuve, Paris, 1979.

Müller, Else: *Auf der Silberlichtstraße des Mondes*; Fischer Taschenbuch Verlag, Frankfurt, 1987.

Muktananda, Swami: *Das Mantra Soham*; Aurum Verlag, Freiburg, 1977 (2. Auflage).

Sh. Ohazama – A. Faust: *Zen. Der lebendige Buddhismus in Japan*; Leopold Klotz Verlag, Gotha, 1925.

Ramm-Bonwitt, Ingrid: *Mudras – Geheimsprache der Yogis*; Bauer Verlag, Freiburg, 1987.

Ramm-Bonwitt, Ingrid: *Yoga Nidra – Der Schlaf der Yogis*; Bauer Verlag, Freiburg, 1984.

Silva, Padmasire de: *Buddhist and Freudian Psychology*; Lake House Investments LTD. Publishers, Colombo, 1973.

Smedt, Marc de: *50 Techniken der Meditation*; Aurum Verlag, Freiburg, 1986.

Schwäbisch, Lutz und Siems, Martin: *Selbstentfaltung durch Meditation*; Rowohlt Taschenbuch Verlag, Hamburg, 1987.

Wallace, Alan B.: *Geshe Rabten, Leben und Lehren eines tibetischen Meditationsmeisters*; Papyrus Verlag, Hamburg, 1981.

Abbildungsnachweis

Seite 16: Victoria and Albert Museum, London.

Seite 35: Aus Wallace, Alan B.: *Geshe Rabten – Leben und Lehren eines tibetischen Meditationsmeisters*. Papyrus Verlag, Hamburg 1981.

Seite 78: Musée Guimet, Paris.

Seite 104: Aus Satyananda, Swami: *Meditations Tantriques*. Satyanand Ashram, Paris 1983.

Seiten 106 und 107: Aus Ambrose, Kay: *Classical Dances and Costumes of India*. A. and C. Black (Publishers), London 1983.

Ingrid Ramm-Bonwitt

Yoga Nidra – Der Schlaf der Yogis

Ein Weg zum Gleichgewicht von Körper, Seele und Geist

2. Aufl., 143 Seiten mit 16 Abbildungen und 8 Zeichnungen, kart.

ISBN 3-7626-0615-3

Ein Weg zur Bewußtwerdung des Selbst, der Körper, Seele und Geist in einer selten vollkommenen Weise verbindet und zu bewußtseinstranszendenten Erlebnissen führen kann. Dank der Tiefenentspannung, die aus dem Bewußtwerden des Körpers, des Atems, der Sinne und des Denkens besteht, können nicht nur allgemeine Leiden wie Streß und Nervosität abgebaut, sondern die im Unbewußten liegenden Kräfte ins Bewußtsein gehoben werden.

Das Buch führt über bloße Theorie hinaus und enthält praktische Anleitungen zur Durchführung einiger Übungen, die von der physischen zur psychischen Entspannung führen. Eine wichtige Rolle kommt dabei den Sankalpas (Entscheidungen oder kurze Leitsätze) zu. Mit ihrer Hilfe können positive Einstellungen in den verborgenen Schichten des Unbewußten mobilisiert werden und dadurch eine Veränderung im Denken und Verhalten bewirken.

Yoga-Nidra-Kassette

besprochen von Ingrid Ramm-Bonwitt, der Autorin dieses Buches

Zwei typische Yoga-Nidra-Übungen, die auf dieser Kassette besprochen werden, bieten Ihnen die Möglichkeit, Spannungen abzubauen und die Harmonie zwischen Körper, Seele und Geist wiederzuerlangen. Die Bewußtwerdung der einzelnen Körperteile und die Konzentration auf den Atem bewirken die physische Entspannung, die die psychische vorbereitet. Die geistige Entspannung wird durch das Hervorrufen der Empfindungen wie Wärme und Schwere und durch das Visualisieren verschiedener Bilder herbeigeführt.

Durch die Anwendung dieser Kassette können Sie zu einer ruhigeren, gelasseneren und optimistischen Haltung im Alltag finden. Die regelmäßige Durchführung der Übungen bewirkt eine Verbesserung der Konzentrations-, Gedächtnis- und allgemeinen Leistungsfähigkeit.

Best.-Nr. 8510

Verlag Hermann Bauer · Freiburg im Breisgau

Ingrid Ramm-Bonwitt

Mudras – Geheimsprache der Yogis

*283 Seiten, 10 Farbtafeln, 93 Schwarz-Weiß-Abbildungen
und 192 Zeichnungen im Text, gebunden DM 48,–
ISBN 3-7626-0325-1*

Mit seinen Händen drückt der indische Tänzer das Leben des gesamten Universums aus. Die Hände eines Buddhas oder Bodhisattvas enthüllen die Geheimnisse ihrer Weisheit. Die geheimnisvollen Fingerstellungen, die Mudras, verbinden den Meditierenden mit der göttlichen Welt. Der japanische Priester spricht mit seinen Händen die Sprache der Götter. Hände sind die Träger wichtiger Symbole, die im Orient universell verstanden werden und sogar in die christliche Kunst Eingang gefunden haben. Die Bedeutung dieser Gesten ist jedoch im Westen verlorengegangen.

Die Autorin geht dem Symbolismus der Gesten vom vedischen kosmischen Tanz, über die buddhistische Philosophie und tantrischen Praktiken bis hin zu esoterischen Sekten in Japan nach. Im letzten Kapitel zeigt sie den Einfluß dieser geheimen Gesten auf die byzantinischen Mosaiken und Ikonen und weist auf die Bedeutung des Gebärdetanzes im griechisch-römischen Kulturkreis hin.

Durch die zahlreichen Fingerstellungen, die in diesem Buch abgebildet sind, vermag der Leser die Geheimsprache der Yogis zu deuten. 23 Mudras aus dem Hatha-Yoga ermöglichen es dem Übenden, auch ohne Vorkenntnisse und persönlichen Lehrer, positiv auf seinen Körper und Geist einzuwirken und sich in einen bestimmten Bewußtseinszustand zu versetzen.

Verlag Hermann Bauer · Freiburg im Breisgau